Beate Helm

# Psychologische Astrologie

## Ausbildung Band 1

### Grundlagen der Astrologie

Einführung – Die 12 astrologischen Grundenergien – Aufbau des Horoskops – Aspekte

Satya-Verlag

Titelbild: Christos Georghion (fotolia.com)
Horoskopzeichnungen erstellt mit dem Programm Astrocontact Astroplus (www.astrocontact.at)


Haftungsausschluss

Die Benutzung dieses Buches und die Umsetzung der darin enthal-tenen Informationen erfolgt ausdrücklich auf eigenes Risiko. Der Verlag und die Autorin können für Schäden jeder Art, die sich bei der Anwendung der in diesem Buch aufgeführten Informationen, Empfehlungen und Übungen ergeben, aus keinem Rechtsgrund eine Haftung übernehmen. Haftungsansprüche, Rechts- und Scha-denersatzansprüche sind daher ausgeschlossen. Für die Inhalte von den in diesem Buch abgedruckten Internetseiten sind ausschließ-lich deren Betreiber verantwortlich. Verlag und Autorin distanzie-ren sich daher von allen fremden Inhalten. Zum Zeitpunkt der Verwendung waren keinerlei illegalen Inhalte auf den Webseiten vorhanden.

ISBN: 3-944013-28-X
ISBN-13: 978-3-944013-28-2

# WICHTIGE HINWEISE

Die in dieser Buchreihe aufgeführten Methoden, Therapien und Übungen dienen der Persönlichkeitsentwicklung und Selbstheilung. Sie unterstützen darin, Bewusstheit in sein Leben zu bringen und eigenständig seine inneren Potenziale umzusetzen.
Mit der Heilung oder Linderung körperlicher Beschwerden und psychischer Erkrankungen können diese Methoden und Übungen nicht in Zusammenhang gebracht werden. Wenn in dem vorliegenden Buch in der Medizin gebräuchliche Begriffe wie Heilung, Therapie oder Diagnose verwendet werden, so ist dies nicht im Sinne der Schulmedizin und des Heilpraktikergesetzes, sondern im auf den seelisch-geistigen Bereich übertragenen Sinn zu verstehen.

# INHALTSVERZEICHNIS

# DANK

Mein Dank gilt in der Astrologie sehr vielen Autoren, die mich in den letzten 30 Jahren inspiriert haben. Eingestiegen bin ich mit Wolfgang Döbereiner. Am meisten beeinflusst hat mich immer wieder Peter Orban. Besonders danke ich meinen Eltern Karl und Irene und meinen Geschwistern Uwe und Claudia, die auf meinem sehr unkonventionellen Lebensweg immer fest an meiner Seite standen.

A

# 1. PHILOSOPHIE

Die Astrologie-Ausbildung ist auf folgenden Säulen aufgebaut:

## I. Psychologische Astrologie

Wir sind eigenverantwortliche, selbstbestimmte Wesen. Wir besitzen die Freiheit, unser Potenzial in unserer ureigenen Form zu entfalten und unsere Lebensaufgaben im Einklang mit dem Ganzen zu erfüllen. Mit Hilfe der astrologischen Konstellationen ist leicht erkennbar, welche besonderen Begabungen, Talente und Fähigkeiten wir haben und wie wir unseren Platz im Leben einnehmen können.

Die astrologische Prognose zeigt die Zeitqualität und ihre Wirkung auf uns. So können neue Impulse und Veränderungen eingeleitet und zugelassen werden. Es besteht ein bereitwilliger Fluss mit den natürlichen Rhythmen und Zyklen der Zeit.

Wir gestalten bewusst unser Leben und sind gleichzeitig eingewoben in eine größere, überpersönliche Ordnung, die nicht immer Abbild unserer eigenwilligen Vorstellungen sein muss. Sie entspricht aber einem höheren Sinn, der alle Wesen mit einbezieht und größer ist als unsere Einzigartigkeit, die wir als abgegrenzt wahrnehmen.

## II. Systemische Astrologie

Das innere System

Unsere Persönlichkeitsanteile stehen in Bezug zueinander.

Sie bilden ein Team, unser inneres System. Das ist eine Gemeinschaft, in der die Wesensanteile zum Teil unterstützend und zum Teil in Spannung aufeinander wirken, was im Horoskop ablesbar ist. Es ist unsere Aufgabe, die einzelnen Persönlichkeitsanteile zu entfalten und das Team als Ganzes zu sehen, zwischen den Einzelanteilen zu vermitteln und sie konstruktiv zu verbinden. Auf diese Weise können wir unser inneres Team gleichberechtigt, ausgeglichen und zufrieden erleben und ihm eine passende Bühne in unserem Leben geben.

Die äußeren Systeme

Wir sind kein isoliertes Wesen. Unsere individuelle Persönlichkeit ist auch Teil eines familiären, sozialen und kulturellen Systems und – wer will – in eine karmische Vergangenheit eingebettet.

Die Verstrickungen innerhalb dieser Systeme blockieren oder bereichern uns. Sie können mit Hilfe der astrologischen Analyse ans Licht gebracht, akzeptiert und konstruktiv integriert werden, bzw. in die Zeit oder an die Personen zurückgegeben werden, wo sie hingehören.

III. Astrologie und Gesundheit

Krankheit ist Ausdruck nicht aktiv umgesetzter Potenziale in uns. Sie kann ihren Ursprung auch in systemischen Bindungen, die abgelöst werden können, in erblichen Veranlagungen oder in früheren Inkarnationen haben. Entstehung von Krankheit ist komplex. Daher greift die klassische Psychosomatik oft zu kurz in ihren Beschreibungen.

Die astrologischen Energien finden ihren Ausdruck auch auf der Körperebene. In den Studienbänden finden

Sie zu den Grundkräften die Analogien im körperlichen Bereich und in den entsprechenden Krankheitsdispositionen.

Was wir bei Krankheit tun können, ist das Bemühen um die bewusste und konstruktive Umsetzung der jeweiligen Konstellationen/Potenziale in unserem Leben (aktive Manifestation). Das ist unser Anteil. Danach können wir noch in der Krankengeschichte unserer Vorfahren nach Veranlagungen schauen, von denen wir uns systemisch und/oder z. B. durch eine miasmatische Behandlung mit Hilfe eines Homöopathen lösen können. Karmisch bedingte Erkrankungen können durch eine entsprechende Seelenreise erfasst werden. Nachdem wir unseren Teil getan haben, macht es erfahrungsgemäß Sinn, loszulassen und sich einer höheren Führung anzuvertrauen. Manchmal kommen dadurch intuitiv noch neue Impulse dazu, die eine völlig andere Wegrichtung anzeigen, auf die wir nicht selbst gekommen wären, da sie über den bisherigen Erfahrungsschatz hinausgeht und auch hinausgehen soll.

# 2. DAS SYSTEM MENSCH – DAS INNERE TEAM

Unsere Persönlichkeitsanteile bilden ein inneres Team. Unser bewusstes Selbst übernimmt die Rolle des Regisseurs, der dieses Team kennen, organisieren und fördern kann. Er steht außerhalb oder innerhalb des Tierkreises in einer Meta-Position. Er behält den Überblick über den Entwicklungsstand, die Bedürfnisse und Qualitäten der inneren Anteile sowie die Interaktionen zwischen den Team-Mitgliedern. Wir sind der Manager und gleichzeitig das Team selbst. Eine optimale Selbstentfaltung bedarf beider Positionen.

Jedem der Persönlichkeitsanteile, die in der Astrologie durch die Planeten symbolisiert werden, steht eine optimale Verwirklichung zu. Wir tragen die Verantwortung für unsere inneren Werte, Fähigkeiten und Eigenschaften und haben die Aufgabe, jedem Persönlichkeitsanteil eine genau auf ihn zugeschnittene Tätigkeit zu geben, die ihn anspornt und motiviert, die ihn aufleben lässt, ausfüllt und in seiner Entwicklung weiter bringt.

Wir haben als Regisseur die Macht und Möglichkeit, unsere inneren Anteile als gleichberechtigtes Team zu behandeln, ihre Belange, Wünsche und Sehnsüchte ernst zu nehmen und bewusst Möglichkeiten zu schaffen, um einen guten Nährboden für unser Wachstum zu bereiten.

Wir können lernen zuzuhören, die Befindlichkeit herauszufinden, besonders von den Teammitgliedern, die sich nicht so lautstark hervortun, sondern eher im Hintergrund aktiv sind. Wir loben, erkennen die Leistungen mit Dankbarkeit an und suchen nach Verbesserungen, damit sich unsere innere Gemeinschaft so aktiv und lebendig, so individuell und besonders wie möglich entfalten kann.

Wir sorgen für ein ausgeglichenes, harmonisches Klima, weil wir wissen, wie die einzelnen Anteile zueinander stehen und wie wir sie am besten miteinander vereinbaren und die Teamarbeit optimieren können. Die Verbindung der Wesensanteile untereinander wird in der Astrologie durch die Winkelbeziehungen, die Aspekte zwischen den Planeten symbolisiert.

Ein in diesem Sinne selbstverantwortungsbewusster, einfühlsamer Regisseur wird reich belohnt werden von seinen Persönlichkeitsanteilen durch Strahlkraft und Vitalität, Gesundheit und tiefe Erfüllung sowie ein abwechslungsreiches Leben in Selbstbestimmung und Harmonie mit seinem inneren Plan, in das auch dunklere Zeiten im Kreis von Anfang, Blütezeit, Niedergang und Ende als dazugehörig und als Basis für Wandlung und Neuorientierung erkannt und angenommen werden.

In dem Maße, wie wir Einsatz gezeigt haben für die Schaffung optimaler Lebensbedingungen und Wachstumschancen unserer Persönlichkeitsanteile (die wir natürlich auch selbst sind), werden wir belohnt und verwöhnt in unserem Wunsch nach Freiheit, Echtheit und Zufriedenheit.

Völlig anders sieht es aus, wenn wir die Fähigkeiten und Begabungen unseres inneren Teams nicht kennen, wenn wir unsere Position als Chef und Verantwortlicher gar nicht wahrnehmen, sondern sie durch Außenstehende und Ersatzautoritäten ausfüllen lassen. Auf diese Weise erfährt unser inneres Team keine konkrete, passende Anleitung, steht führerlos im Raum. Es erhält keinen Plan, kein Ventil, keine Chance, um in seinem Sinne verwirklicht zu werden. Das innewohnende Personal liegt brach. Es ist zur Tatenlosigkeit verdammt und langweilt sich. Es leidet, ist traurig und verkümmert. Es wird nicht zum Leben und  Wachstum erweckt. Es will aber etwas tun, will gesehen und wahrgenommen werden, es will an die Oberfläche und Gestalt annehmen.

Und dann geschieht, was ohne klare Anleitung, ohne Führung durch das bewusste Selbst geschehen muss: Das vorhandene Energiepotenzial der nicht genutzten Anlagen tritt in verzerrter Hilflosigkeit oder Destruktivität in die sichtbare Welt. Es zeigt sich als Krankheit, seelische Störung, Unfall, Sucht, als zänkischer Partner, Nerv tötende Kinder, unsympathische Nachbarn und unzuverlässige Freunde oder als Arbeitslosigkeit (passive Manifestation) – als einzige Möglichkeit zur Initiation einer bewussten Lebensgestaltung (aktive Manifestation).

Das innere System muss sich entartet ausdrücken, da ihm eine adäquate, konstruktive Form des Lebens nicht möglich gemacht wurde. Der Regisseur hat seinen Platz nicht eingenommen. Sein Team kann nicht funktionieren. Es kann ihm nicht gut gehen.

Mit Hilfe der Astrologie wird uns unser Repertoire an Potenzialen mit ihren vielen Möglichkeiten der Umsetzung und Weiterentwicklung aufgezeigt. Wir erkennen einen klaren Lebensplan mit seinen Rhythmen und Zyklen, der keine Determination, sondern eine Matrix darstellt, auf deren Grundlage wir in verschiedensten Variationen und in ständiger Weiterentwicklung und Wandlung unser Leben gestalten können. Wir kommen in Kontakt mit unserem Lebenssinn, nämlich die Erkenntnis und gezielte und bewusste Förderung unserer inneren Wesenskräfte und der gleichzeitige Einklang mit einem höheren Plan, symbolisiert durch die Astrologie.

Neben der individuellen Erkenntnisarbeit und Selbstentfaltung wissen wir um die Vielseitigkeit der Hintergründe unserer Verhaltens- und Reaktionsweisen. Wir wissen um die Einbindung in unser familiäres System sowie um die Wirkung kultureller Einflüsse und - für den es stimmig ist - einer karmischen Vergangenheit in das heutige Leben, so dass Ganzheit neben der bewussten Entwicklung unserer Einzigartigkeit auch Heilung und Wandlung dieser überpersönlichen bzw. vergangenen Strukturen bedeutet.

## DAS INNERE TEAM

Jeder Persönlichkeitsanteil verfügt über ein bestimmtes Potenzial, das je nach Platzierung im Horoskop eine ganz spezielle Färbung erhält. Das Grundprinzip seiner Art, sich auszudrücken, ist jedoch bei allen Konstellationen gleich.

## 1. MARS

Der Initiator und Kämpfer

Mars zeichnet sich durch Schnelligkeit, Impulsivität und Dynamik aus. Er ist voller Tatendrang und Durchsetzungskraft und braucht eine Herausforderung, um seine Kräfte richtig mobilisieren zu können, sei es der sportliche Wettkampf auf allen Ebenen oder die Gründung einer neuen Einrichtung, das Ergreifen einer Initiative oder die Leistung von Pionierarbeit.

Er ist sehr direkt und bringt die erste Schubkraft für das Team ein. Er kann überall da eingesetzt werden, wo Mut, Risikobereitschaft und das Bewältigen völlig neuer Aufgaben sowie der Aufbau von Pilotprojekten gefragt sind. Man lässt ihn am besten alleine oder zusammen mit anderen Mars-geprägten Teammitgliedern arbeiten, da er schnell die Geduld verliert und nur ungern wartet oder sich in die Schranken weisen lässt. Am wohlsten fühlt er sich, wenn er mit Routineangelegenheiten nicht belästigt wird und man ihm die Gelegenheit bietet, etwas Neues in Angriff zu nehmen, aus dem Boden zu stampfen oder zu erkämpfen.

In seiner Freizeit braucht er körperliche Arbeit oder sportliche Aktivitäten als Ventil für sein hohes Energieniveau und genügend Gelegenheit zum Ausleben seiner überbordenden Triebkraft.

In der Begegnung mit anderen ist er forsch und unkompliziert, wenn auch nicht mit sehr viel Einfühlungsvermögen und Rücksichtnahme gesegnet. Sein Auftreten ist laut und direkt und erfordert die sofortige, uneingeschränkte Aufmerksamkeit.

Grundeigenschaften

Sexueller Trieb
Kampf- und Sportsgeist
Durchsetzungskraft
Initiative

# 2. STIER - VENUS

Die Wirtschaftsexpertin und Genießerin

Die Stier-Venus ist wesentlich erdverbundener und praxisorientierter. Sie braucht ihr eigenes Reich, in dem sie ungestört schalten und walten kann. Sie sorgt für Sicherheit, baut Zäune und Festigungen, um klare Grenzen zur Außenwelt zu ziehen. Sie macht aus dem ehemals offenen System eine feste Schutzburg, in der man sich vor Eindringlingen sicher fühlen kann.

Die Stier-Venus ist Spezialistin für alle Finanzgeschäfte und den Abschluss von Versicherungen. Sie kennt sich bestens aus, wie Geld verdient und gemehrt werden kann, auch wenn sie für ihr Sparverhalten manchmal als geizig beurteilt wird.

Sie fühlt sich wohl und dient am meisten, wenn man ihr die Möglichkeit gibt, an einem festen Platz ein gesundes finanzielles Polster und einen reichen Besitz auch an anderen Werten zu erwirtschaften und sich um die Sicherheitsbelange des Teams zu kümmern.

In ihrer Freizeit wird sie zur Genießerin, gibt sich mit Freuden den sinnlichen und kulinarischen Genüssen hin oder frönt anderen Gelüsten. Sie lernt letztendlich alles zu genießen, was ihr das Leben zu bieten hat, was es auch immer sein mag.

Die Stier-Venus zeigt sich verlässlich und vermittelt das Gefühl von Sicherheit, Erdverbundenheit und Lebensgenuss.


Grundeigenschaften

Abgrenzung
Sicherheit
Finanzen und anderer Besitz
Genussfreude

# 3. ZWILLINGE - MERKUR

Der Pressesprecher und Fachmann für Kommunikation

Der Zwillinge-Merkur ist der Intellekt und die Stimme des Teams. Er ist rein geistig orientiert und für das Sammeln und die Weitergabe von Informationen und Wissen zuständig. Er stellt die Kontakte her, führt die Gespräche und vertritt sein Team durch Wort und Schrift. Er zeichnet sich durch geistige Beweglichkeit, Kontaktfreude und eine ausgeprägte Kommunikationsfähigkeit aus.

Der Zwillinge-Merkur ist sehr wissbegierig und lernt, liest und redet sehr gerne. Für seine Entfaltung braucht er deshalb endlose Mengen an Informationsmaterial wie Fachzeitschriften, DVDs, verschiedenartige Literatur und Lehrmittel, eine Flatrate für Telefon und Internet sowie interessante Gesprächspartner zum Austausch.

Er kennt bestens alle Formen der Kommunikationstechnik und rüstet das Team mit einem weitreichenden, alle verknüpfenden Netz aus, so dass jeder beliebige Austausch untereinander und mit der Außenwelt gewährleistet ist.

Er fühlt sich wohl, wenn er viel Bewegungsfreiheit hat und nicht auf gleich bleibende Arbeiten festgelegt wird. Am wichtigsten ist ihm eine Fülle an Wissen und Information, die er aufnehmen und wieder weiterleiten kann.

Privat trifft er sich gerne mit Bekannten, beteiligt sich mit Freude an Diskussionen und versucht so viel wie möglich hinzuzulernen. Manchmal notiert er auch seine Gedanken und sein reiches Wissen in Form von Büchern oder Artikeln.

Grundeigenschaften

Sprachlicher Selbstausdruck
Verbale Kontaktaufnahme und Austausch
Sammeln, Lernen und Vermitteln von Information und
Wissen
Geistige Beweglichkeit und Neutralität

# 4. MOND

Die Seele des Teams

Der Mond stellt die Gefühlswelt und das Innenleben des
Teams dar. Er zeigt die Art des Empfindens, wie Gefühle
wahrgenommen und ausgedrückt werden, und verbreitet
die unterschiedlichen Stimmungen. Er steht für seelische
Nährkraft und Geborgenheit.

Der Mond kümmert sich darum, Räume für bequeme
Behaglichkeit zu schaffen, bietet verschiedene Möglichkeiten zur Entspannung und inneren Regeneration an und
sorgt für das leibliche Wohl. Er symbolisiert die gute Seele, die Mutter und Fürsorgekraft und zeigt, wie sich das
Team gefühlsmäßig am besten verwöhnen und aufrichten,
wie es im emotionalen Bereich selbständig werden kann.

Es geht ihm gut, wenn er eine heimische Atmosphäre
schaffen, versorgen und seine Empfindungen zeigen und
austauschen darf.

Er fühlt intuitiv, wie er aus dem Team eine große Familie machen kann, in der sich alle geborgen und wohl
fühlen und eine tiefe, emotionale Verbundenheit untereinander herrscht.

Er schafft Raum für Erholung und innere Ruhe, für das

Gefühl, in der großen inneren Gemeinschaft bei sich angekommen zu sein und Geborgenheit zu empfinden.

Privat lebt der Mond eher zurückgezogen und im Kreise eng vertrauter Menschen. Er ist sehr empfindsam und benötigt ein hohes Maß an Wärme und Schutz, an Austausch von Gefühl und Zärtlichkeit für sein Wohlbefinden.


Grundeigenschaften

Fühlen und Empfindsamkeit
Fürsorge und innere Geborgenheit
Heimat/Familie/Wohnen
Erholung und Entspannung


# 5. SONNE

Der Star
Die Managerin und Künstlerin

Die Sonne ist das ausführende Organ, die handelnde Instanz des Teams. Sie verwirklicht die Ideen und Pläne und verfügt über das dafür notwendige Organisationstalent. Ohne sie ist kein Leben, keine Umsetzung möglich. Sie sprudelt über vor Kreativität und Lebenskraft, wenn man ihr freie Bahn lässt, um die Anliegen und Konzepte, die Ziele und Vorhaben des Teams zu realisieren. Das gesamte Potenzial gelangt erst durch ihre Fähigkeit zu selbständigem Handeln und schöpferischem und künstlerischem Ausdruck an die Oberfläche und nimmt reale Formen an.

Die Sonne schafft eine Bühne für die Präsentation der besonderen Talente des Teams und sorgt dafür, dass diesem ein unübersehbares Denkmal gesetzt wird. Dank ihres Lebenswillens und ihrer Strahlkraft wird den Anlagen der inneren Gemeinschaft Leben eingehaucht, kann es überhaupt erst produktiv werden und hat wirklich etwas vorzuzeigen. Da diese Ergebnisse die Einzigartigkeit des Teams abbilden, kann sie voller Stolz und Selbstvertrauen ihr Werk betrachten und sich daran aufbauen. Für ihre Leistung als Managerin und ihre Bereitschaft, sich zu verausgaben, erwartet sie ausreichend Beachtung und Lob Sie will sie Hauptperson im Team sein.

In ihrer Freizeit spielt sie in einer Theatergruppe und lässt sich am liebsten den roten Teppich ausrollen für ihren Auftritt als die erhabene Königin, deren Hofstaat ihr zu Füßen liegt.

Sie organisiert Spieleabende und Galas, sorgt überhaupt dafür, dass Spiel und Vergnügen nicht zu kurz kommen und verbreitet überall ihre Wärme, Herzlichkeit und Lebenskraft.


Grundeigenschaften

Schöpferische Umsetzung des Grundpotenzials
Ego-Entwicklung
Sich ein Denkmal setzen
Kreativität und Selbstbewusstsein

# 6. JUNGFRAU – MERKUR

Der vernünftige Stratege
Der Arbeiter und Diener

Der Jungfrau-Merkur ist für Vernunft und Analyse zuständig. Er kann bis ins kleinste Detail sowohl vorausschauend planen als auch das Team durchanalysieren, seine Schwachpunkte herausarbeiten und Strategien entwickeln, wie sie in Zukunft vermieden werden können.

Er ist rein zweckorientiert und stutzt den anderen manchmal die Flügel, um den bestmöglichen Nutzen des Teams zu gewährleisten und das vorhandene Potenzial so gut es geht zu verwerten. Er liebt Tätigkeiten, die Feinarbeit, absolute Genauigkeit und Perfektion verlangen. Er sieht sich als Diener und Arbeiter des Teams, der zu jeder Überstunde bereit ist und Eigeninteressen hinter die Notwendigkeiten der Gemeinschaft zurückstellen kann. Dabei muss er darauf achten, nicht der Arbeitssucht zu verfallen und Raubbau an seinem Körper zu treiben.

Der Jungfrau-Merkur verfügt über die Fähigkeit, die Außenbedingungen des Teams zu erfassen und sich bestmöglich daran anzupassen.

In seiner Freizeit analysiert er gerne die Probleme von sich und den anderen und macht auf den Zusammenhang zwischen innerer Aufgeräumtheit und körperlicher Gesundheit aufmerksam. Er braucht viel Sauberkeit und nimmt sich entsprechend oft Zeit für seine Körperpflege, für regelmäßige Saunabesuche und das Aufstellen und Einhalten eines Putzplanes. Dabei nimmt auch die Psychohygiene einen großen Raum ein.

Seinen Perfektionsdrang setzt er auch gerne ein, um absolutes Gewahrsein in jedem Lebensmoment zu üben und zu erfahren. Deshalb beschäftigt er sich mit allen Formen von Achtsamkeitsübungen und bodenständigen,

Geist und Seele reinigenden Meditationen.

Grundeigenschaften

Analyse, Vernunft, Strategie
Arbeit und Dienen
Verarbeitung, Nutzung und Verwertung
Reinigung und Sauberkeit
Gesundheitsbewusstsein und Lebensrhythmus

# 7. WAAGE - VENUS

Beziehungsexpertin und Fachkraft für Ästhetik

Die Waage-Venus öffnet die Tore, um Gäste zu empfangen oder selbst nach außen zu gehen und anderen zu begegnen. Sie ist bekannt für ihren Charme, ihren Wunsch nach Partnerschaft und ihr diplomatisches Geschick. Mit der Fähigkeit, Kompromisse zu schließen und ihre persönlichen Interessen zurückzustellen, versteht sie es, Beziehungen aufzubauen, die für das Gedeihen des Teams unerlässlich sind.

Dabei geht es vor allem um Partner mit Fähigkeiten, die das Team selbst (noch) nicht entwickelt hat und daher noch delegieren muss, oder um das Geschenk der eigenen Qualitäten und Begabungen an die Außenwelt.

Um sich wohl zu fühlen und das Beste geben zu können, braucht sie daher viel Ausgang und die Möglichkeit, andere Teams und deren Mitglieder zu begegnen, um sich mit ihnen auszutauschen.

Ihre Spezialität liegt in ihrem liebevollen, gebenden

Wesen, ihrem Feingefühl und ihrem kultivierten Auftreten. Man kann sich immer und überall mit ihr sehen lassen. Außerdem verfügt sie über die Fähigkeit, Ausgleich und Harmonie in Ihrem Umfeld herzustellen und auch selbst auszustrahlen und zu verbreiten.

Privat führt sie eine kleine Schönheitsfarm und berät die anderen Teammitglieder, wie sie sich von ihrer besten Seite präsentieren und das andere (oder bei Bedarf auch gleiche) Geschlecht durch gepflegtes Aussehen in ihren Bann ziehen können. Außerdem hat sie eine Praxis für Paar-Mediation.

So trägt sie mit allen Mitteln zum Aufbau und zur Gestaltung von Liebesbeziehungen bei und sorgt für ein tragfähiges Miteinander, in dem jeder in seine Entscheidungen und sein Tun auch die Wünsche und Belange des anderen mit einbezieht und berücksichtigt.

Grundeigenschaften

Aufbau seiner Art von Partnerschaft
Harmonie und Ausgleich schaffen
Attraktivität und Schönheit für sich definieren
Sinn für Stil, Kunst und Ästhetik

# 8. PLUTO

Führer in die innere Finsternis
Retter und Rächer des Verdrängten
Der Alchemist

Pluto baut die Machtposition des Teams aus. Er hat in seinen Forschungslabors die tiefsten Geheimnisse an Selbstentfaltungsmöglichkeiten aufgespürt und auch Methoden mit einbezogen, die von der Allgemeinheit als verwerflich abgetan oder verboten werden. Er zieht alle Register, kennt kein Erbarmen, keine gewöhnliche Einteilung in Gut und Böse. Er unterscheidet nicht. Ihm ist jedes Mittel recht, um die Wirkkraft des Teams zu steigern. Er deckt alles auf, was vertuscht, verschwiegen, als Müll unauffällig weggeschafft oder unter den Teppich gekehrt werden soll.

Er konfrontiert mit jeder Wahrheit, mag sie auch noch so unangenehm und entlarvend sein. Sicherheitsdenken ist ihm fremd und er handelt ausschließlich nach seinen festen Vorstellungen und Prinzipien.

Pluto führt notwendige Änderungen in der Teamstruktur durch, auch wenn die Konsequenzen und finanziellen Folgen nicht klar absehbar oder negativ zu werten sind. Die Maxime, die Grundsätze des Teams stehen für ihn stets über Sicherheitsdenken und alten Gewohnheiten

Privat lebt er im Dunkel seiner Höhle unter der Erde und betreibt ein Sado-Maso-Studio. Er schreibt Gruselkrimis oder sieht sich verbotene Pornostreifen an.

Seine Teammitglieder schätzen oder fürchten ihn wegen seines Drangs, alles einzubeziehen und zum Vorschein zu bringen, was das Leben ausmacht, insbesondere was sich unter der Maske und dem Deckmantel des Anstands verbirgt.

Wenn er seinen guten Tag hat, arbeitet er alchemistische

Methoden aus, mit denen eine Weiterentwicklung durch tiefe Wandlung, durch Tod und Wiedergeburt eingeleitet werden kann, in ihm selbst und bei den anderen.

Grundeigenschaften

Forschergeist
Intensität, Leidenschaft, Totalität
Reintegration des Verdrängten
Wandlungsprozesse
Macht und Wirkkraft

# 9. JUPITER

Dozent
Spezialist für Expansion und Bewusstseinswachstum

Jupiter sorgt für Expansion und Weiterentwicklung. Er verfolgt hochfliegende Pläne, wie sich die Lebensweise angenehm gestalten und verbessern lässt. Dabei zeigt er sich sehr zuversichtlich und voller Selbstüberzeugung. Um das Vorwärtskommen sicherzustellen, hat er verschiedene Bildungsstätten eingerichtet, die das Wissen und die Fertigkeiten der Mitglieder weiterentwickeln. Außerdem organisiert er regelmäßig Reisen in die ganze Welt, um andere Kulturen kennen zu lernen und den geistigen Horizont zu erweitern.

Jupiter ist das fördernde Prinzip im Team. Er verbreitet Lebensfreude und unterstützt die Mitglieder in ihren Vorhaben und der Erfüllung ihrer Wünsche, so dass Zufriedenheit und Lebensglück Einzug erhält.

Jupiter ist der Philosoph im System. Er studiert die Weltreligionen und alle verfügbaren Theorien, die ihn in der Frage nach dem Sinn des Lebens weiterbringen. Hat er neue Einsichten gewonnen, geht er mit Elan und Missionseifer daran, die anderen Mitglieder von seinen Einsichten zu überzeugen.

Für ihn ist das Glas immer halb voll. Er unterstützt sein Umfeld darin, auch in schwierigen Situationen an die Richtigkeit der Dinge zu glauben und sich daran zu erinnern, dass man sich im Einklang mit dem Ganzen in der Zeit vor dieser Inkarnation alle Ereignisse selbst gewählt hat, um die Lernprozesse zu durchlaufen, die man braucht und für seine Entwicklung möchte.

Mit zunehmendem Alter genügt es ihm, sein tiefes Urvertrauen in das Leben, in alles, was es an Buntheit und Fülle zu bieten hat, weiterzugeben und in den anderen zu erwecken.


Grundeigenschaften

Expansion und Erweiterung
Bildung und eigene Weisheit
Religionsverständnis und Lebensphilosophie
Zuversicht, Zufriedenheit, Erfüllung

# 10. SATURN

Der ehrgeizige Realist und Strukturgeber

Saturn ist die ordnende Hand. Er ist für Struktur und Stabilität zuständig. Seine Tätigkeit besteht darin, zielorientierte Planungen durchzuführen und für ihren ordnungsgemäßen, zeitgenauen Ablauf zu sorgen. Dabei geht er sehr geradlinig und praxisorientiert vor. Er beschränkt sich bei seinem Tun auf die absoluten Notwendigkeiten und das wirklich Wesentliche.

Saturn ist in der Lage, hohe Verantwortung zu tragen, und geht oft alleine seinen zielstrebigen Weg, für den er sich genügend Zeit einräumen muss. Am meisten Kraft entwickelt er, wenn es sich um langfristige Projekte handelt, die von planender Hand vorbereitet werden müssen, ein hohes Maß an Ausdauer und Geduld verlangen und seiner absoluten Zuverlässigkeit bedürfen.

Er ist der Realist im Team, der alle Hände voll zu tun hat, anderen Mitarbeitern ihre Flausen auszutreiben und damit ein hohes Maß an Effektivität und Festigkeit zu erreichen. Er ist bestrebt, keine Minute unnötig und unüberlegt verstreichen zu lassen, sondern folgt mit Klarheit und System den hohen Auflagen und Ansprüchen, die er sich selbst und damit auch den anderen gesetzt hat.

Durch seinen kontinuierlichen Einsatz und sein Durchhaltevermögen auch über schwierige Durststrecken hinweg, gibt er dem Team Halt und Stabilität, was auch durch die von ihm aufgestellten Verordnungen und Gesetze unterstützt wird.

In seiner wenigen freien Zeit folgt er ebenso einer festen Ordnung, betreibt sein striktes Gymnastikprogramm oder macht eine anstrengende Bergwanderung.

Er ist zufrieden, wenn er bei der Arbeit und privat seine Pläne aufgestellt und sie mit Klarheit und Selbstdisziplin umgesetzt hat.

Grundeigenschaften

Festigkeit, Ordnung und Kontinuität
Realitätssinn und Praxisorientierung
Beruf(ung) und Lebensziele
Eigenes Rückgrat, sein eigenes Gesetz sein

# 11. URANUS

Freigeist und Erfinder

Uranus ist der erfinderische Geist im Team. Er steckt voller Ideen, zwischen denen er hin und her springt und die er in den mannigfaltigsten Experimenten testen möchte.

Er bringt frischen Wind ins Team, weht den Staub alter Tage und bisheriger Lebensformen weg und will neuartige, avantgardistische Wege gehen, die in seinen Augen wesentlich aufregender und zukunftsträchtiger ist. Er hat seine Visionen, wie eine Gemeinschaft in unkonventioneller Weise aufgebaut werden könnte und wie man am besten aus dem täglichen Einerlei der Routine ausbricht. Uranus spürt einen starken Freiheitsdrang in sich und kann nur Tätigkeiten verrichten, deren Inhalte ständig wechseln, die keine Regelmäßigkeit verlangen und ihn nicht in seiner Experimentierfreude einengen. Dann kann sein weiter Geist funktionieren und blitzschnell mit Ideen aufwarten, die zu plötzlichen, abrupten Veränderungen führen können. Diese mögen zuerst Chaos und Durcheinander heraufbeschwören, dienen jedoch letztendlich einer überfälligen Erneuerung.

Er sucht nach Innovationen, die ungewöhnlich und eigenwillig sind und die den sicheren Weg des Gewohnten verlassen. Sein Abstand zu den Dingen befähigt ihn, sich nicht in seiner Persönlichkeit und seinen Gefühlen zu verlieren, sondern sein Potenzial vollkommen der Gemeinschaft zur Verfügung zu stellen. Alles ist in seinen Augen möglich, besonders das, was bisher jeder für nicht machbar gehalten hat. Ängste und Zweifel, die lieber das Althergekommene bewahren und schützen wollen, auch wenn es längst überholt ist, durchschlägt er mit leichter Hand wie einen gordischen Knoten. Seiner Meinung nach ist ein Team nur dann funktionsfähig, wenn ein hohes Zusammengehörigkeitsgefühl besteht, wenn keine Einzelaktionen stattfinden, sondern eine starke, arbeitsteilige Gemeinschaft vorherrscht und deren Bedürfnisse wichtiger eingestuft werden als die eigene Person.

In seiner freien Zeit pflegt er seine zahlreichen Freundschaften oder ist bei Gruppenaktivitäten zu finden, in denen es um den Ausbruch aus den alten Mustern und Formen, um den Kampf für eine neue Zukunft mit mehr Gleichheit und Gerechtigkeit geht.


Grundeigenschaften

Spontaner Ausbruch aus zu engen Strukturen
Freiheitsdrang und Distanz
Gleichberechtigung unter seinen Persönlichkeitsanteilen
Teamgeist und Gemeinschaftssinn

# 12. NEPTUN

Phantasie und Intuition
Verwirklichtes Anderssein

Neptun repräsentiert den ungewöhnlichen Teil des Teams, der sich nur ungern einordnen und in feste Bahnen lenken lässt. Will man ihn dennoch zur Ordnung rufen, wird er wie hinter sanften Nebelschwaden verschwinden und nicht mehr verfügbar sein. Zwingt man ihn zu regelmäßiger Routinearbeit, greift er zur Flasche oder zu Notlügen, um diesen für ihn unpassenden Zustand zu fliehen.

Anders, wenn man seine wahre Natur erkennt und ihn vollkommen von den üblichen Auflagen erlöst. Dann entwickelt er seine wertvolle Phantasie für andere Lebensweisen, bringt Alternativen ein und löst damit überholte Strukturen auf. Zudem steuert er soziales Empfinden und Mitgefühl bei, besonders für Schwache, Kranke, Hilfsbedürftige, für Menschen am Rande der Gesellschaft, für jeden, der anders ist.

Er schafft intuitiv Fortschritte und Veränderungen, die nie auf rein rationeller oder mathematischer Basis möglich gewesen wären. Er hat Eingebungen, die für das Team von größtem Nutzen sind, aber völlig freiwillig und unbeabsichtigt wie von selbst entstanden sind.

Neptun ist am besten einsetzbar, wenn man ihn gar nicht einsetzen will. Er braucht viel Ruhe und Rückzugsmöglichkeiten, braucht eine Art der Selbstentfaltung, in der er alleine in seinem eigenen Nicht-Rhythmus tätig sein kann. Was er dem Team beisteuert, entspringt keiner körperlichen oder geistigen Arbeit und Anstrengung, sondern seiner Sensibilität und aus seiner inneren Stille und Intuition heraus. Seine Art mag von Zeit zu Zeit Verwirrung stiften, doch auch dies ist notwendig, um wieder Bewegung und Fluss in die innere Gemeinschaft zu bringen und sie aus festgefahrenen Geleisen herauszulösen.

Neptun verbringt auch seine freie Zeit am liebsten in Ruhe und alleine, hört bestenfalls sanfte Musik oder betätigt sich künstlerisch. Er interessiert sich für mystische Themen und natürliches Heilen. Seine ersehnte letztendliche Auflösung und vollkommene Hingabe erfährt er bei einer weiteren Lieblingsbeschäftigung, der Meditation.

Grundeigenschaften

Phantasie und Unvernunft
Intuition und Sensibilität
Soziales Empfinden und Mitgefühl
Auflösung zu fester Lebensstrukturen
Verwirklichung seines Andersseins

# LILITH

Schoß und Sarg allen Lebens

Lilith nimmt den Platz, den Thron der Allmacht, Allgewalt und Ursprünglichkeit des Weibes ein.

Ist das Team zu sehr in Rationalität und Geradlinigkeit, in den Glauben an ein logisches, berechenbares und ehrgeizig zu führendes Leben verstrickt und festgefahren, schreitet sie machtvoll zur Tat und durchkreuzt mit Lust die schöne, ordentliche Rechnung.

Sie sprüht vor Saft, vor irrationalen Ideen und Taten, vor Sumpf, Moor, emotionalem und sexuellem Überfluss. Sie schafft neue Werke allein aus ihrem Schoß heraus, die an die ursprüngliche Natürlichkeit im Leben, das auch immer Tod bedeutet, erinnern sollen.

Im Gegensatz zu Pluto lebt sie nicht unter der Erde, sondern in einem fruchtbaren, grünen Hain. Sie will auch nicht allgemein alles Verdrängte ins Bewusstsein bringen, sondern hat sich auf die in Vergessenheit geratene saftige Urgewalt der Frau spezialisiert. Diese soll wieder brodeln und sprudeln, soll die Frau als Urweib, das eben nicht aus der Rippe Adams geschnitten, sondern gleichberechtigt mit und neben ihm geschaffen wurde, wiedererwecken.

Dafür ist ihr jedes Mittel recht. Sie ist das scharfe Messer, das überall da zusticht und durchschneidet, wo Abhängigkeit gegen Eigenmacht, artige Sexualität gegen die Verwirklichung verborgener Phantasien, vergeistigte Abgehobenheit gegen die feste Einwurzelung in die nährende, gebärende und verschlingende Erde, falsch verstandene Spiritualität gegen radikale Echtheit und wilde Ursprünglichkeit eingetauscht worden sind.

Sie verpasst dem Team mit ihren funkelnden Augen einen kräftigen Energiestoß und steht als immerwährende Quelle für Lebenslust und Saftigkeit auf allen Ebenen gerne und ungefragt zur Verfügung.


Grundeigenschaften

Urgewalt und Ursprünglichkeit des Weibes
Nährende und alles einsaugende Mutter
Wiederkontakt mit den natürlichen Zyklen des Daseins, mit der selbstverständlichen Einheit von Leben und Tod
Irrationalität, Saftigkeit und Inbrunst.

# CHIRON

Versorger der unheilbaren Wunden

Chiron erinnert die Teammitglieder an ihre Verletzungen im körperlichen, seelischen und geistigen Bereich, die sie lieber vor sich selbst und anderen im Verborgenen halten würden. Dazu haben sie bei Chiron allerdings keine Chance. Er wirkt so lange und immer wieder auf sie ein, bis sie sich eingestehen müssen, eine nicht heilen wollende, therapieresistente Wunde in sich schwelen zu haben. Chiron versteht ihren Schmerz, da er selbst unter einer Wunde leidet, die er trotz seiner medizinischen Kenntnisse nicht unter Kontrolle bekommt.

Er wird seine Fähigkeiten als Arzt zum Einsatz bringen und doch von vorneherein ganz tief in sich wissen, dass es keine vollständige Heilung geben wird, sondern diese Wunden an die Fehlbarkeit, die Menschlichkeit, die Bedürftigkeit und Verletzlichkeit des jeweiligen Team-Mitglieds erinnern soll, dass man nicht perfekt, sondern ein Wesen aus Fleisch und Blut, mit Schwächen und Schmerzen, vergänglich und von dieser Welt ist.

Chiron will dabei nicht negativ und falsch verstanden werden. Er hat tiefes Mitgefühl und besitzt ausgeprägte Heilkräfte, von Haus aus und weil er sich ausgiebig mit seiner eigenen Verwundung auseinander gesetzt hat.

Er kann trösten, lindern und bei der Reinigung und Versorgung der Wunde große Dienste leisten. Aber es wird immer ein Rest, eine ziehende Narbe, eine unsterbliche Erinnerung an die Sterblichkeit bleiben, die Demut wachruft und erhält.

Die zweite Aufgabe Chirons besteht darin, einen guten Draht zu Uranus, Neptun und Pluto herzustellen und deren Qualitäten erkennbarer und strukturierter, sofern dies überhaupt möglich ist, in das Team einzugliedern und die anderen Mitglieder für die überpersönlichen Anliegen der drei Außenseiterkollegen zu sensibilisieren und zu öffnen.

Grundeigenschaften

Die unheilbare Wunde
Der innere Heiler
Der Punkt der Demut
Die Erinnerung an Menschlichkeit und Verletzlichkeit
Die Verbindung zwischen Saturn und Transsaturniern.


# ASTEROIDEN

Neben den Kräften Mond und Venus gibt es noch eine weitere Gruppe weiblicher Kräfte in unserem inneren System, die Asteroiden. Durch sie wird die Weiblichkeit differenzierter und erhält noch mehr Farben und Ausdrucksformen. Im Folgenden eine kurze Zusammenfassung der Haupteigenschaften und -potenziale:


Ceres

Fruchtbarkeit
Versorgen, warme Mütterlichkeit
Loslassen des Hervorgebrachten, d.h. die Erkenntnis, dass Fruchtbarkeit stets auch den Tod dessen, was daraus erwächst, beinhaltet.
Raum schaffen für neue Schöpfung

Pallas Athene

Die streitbare, kämpferische Frau
Keine sexuellen Kontakte, mit Männern auf Du und Du
Weisheit
Heilen
Kunst
gesellschaftliches Engagement


Vesta

Das heilige Feuer
Einen Altar errichten
Arbeit, Lebensdienst
Löschen des Feuers, innere Reinigung und Erneuerung
Eigenständigkeit ohne festen Partner
Freie Sexualität
Hüten, Feiern und Transformieren des inneren Feuers


Juno

Die Zweierbeziehung
Die Witwenphase und innere Wandlung als Vorbereitung
für die nächste Partnerschaft.

# 3. DER TIERKREIS UND DAS ASTROLO-GISCHE HERRSCHERSYSTEM

Als weitere Einführung folgt nun die Erläuterung des astrologischen Herrschersystems und des Aufbaus eines Horoskops und seiner Grundelemente.
Zum besseren Verständnis und als Hilfe für die Übungen folgt zuerst die Zusammenfassung der Grundeigenschaften der Tierkreiszeichen und der ihnen zugeordneten Planeten und Häuser:

## GRUNDEINTEILUNG DES HOROSKOPS

Das Horoskop gliedert sich in die 12 Tierkreiszeichen (Basis) sowie die ihnen zu-geordneten Planeten (handelnde Instanzen) und Häuser (Lebensbereiche):

1. Widder ♈ - Mars ♂ - 1. Haus

Sexueller Trieb
Kampf- und Sportsgeist
Durchsetzungskraft
Initiative

2. Stier ♉ - Venus ♀ - 2. Haus

Abgrenzung
Sicherheit
Finanzen und anderer Besitz
Genussfreude

3. Zwillinge ♊- Merkur ☿ - 3. Haus

Sprachlicher Selbstausdruck
Verbale Kontaktaufnahme und Austausch
Sammeln, Lernen und Vermitteln von Information und Wissen
Geistige Beweglichkeit und Neutralität

4. Krebs ♋ - Mond ☽ - 4. Haus

Fühlen und Empfindsamkeit
Fürsorge und innere Geborgenheit
Heimat/Familie/Wohnen
Erholung und Entspannung

5. Löwe ♌ - Sonne ☉ - 5. Haus

Schöpferische Umsetzung des Grundpotenzials
Ego-Entwicklung
Sich ein Denkmal setzen
Kreativität und Selbstbewusstsein

6. Jungfrau ♍ - Merkur ☿ - 6. Haus

Analyse, Vernunft, Strategie
Arbeit und Dienen
Verarbeitung, Nutzung, Verwertung
Reinigung und Sauberkeit
Gesundheitsbewusstsein und Lebensrhythmus

## 7. Waage ♎ - Venus ♀ - 7. Haus

Aufbau seiner Art von Partnerschaft
Harmonie und Ausgleich schaffen
Attraktivität und Schönheit für sich definieren
Sinn für Stil, Kunst und Ästhetik


## 8. Skorpion ♏ - Pluto ♀ - 8. Haus

Forschergeist
Intensität, Leidenschaft, Totalität
Reintegration des Verdrängten
Wandlungsprozesse
Macht und Wirkkraft


## 9. Schütze ♐ - Jupiter ♃ - 9. Haus

Expansion und Erweiterung
Bildung und eigene Weisheit
Religionsverständnis und Lebensphilosophie
Zuversicht, Zufriedenheit, Erfüllung


## 10. Steinbock ♑ - Saturn ♄ - 10. Haus

Festigkeit, Ordnung, Kontinuität
Realitätssinn und Praxisorientierung
Beruf(ung) und Lebensziele
Eigenes Rückgrat, sein eigenes Gesetz sein

11. Wassermann ♒ - Uranus ♅ - 11. Haus

Spontaner Ausbruch aus zu engen Strukturen
Freiheitsdrang und Distanz
Gleichberechtigung unter seinen Persönlichkeitsanteilen
Teamgeist und Gemeinschaftssinn


12. Fische ♓ - Neptun ♆ - 12. Haus

Phantasie und Unvernunft
Intuition und Sensibilität
Auflösung zu fester Lebensstrukturen
Verwirklichung seines Andersseins

# DER TIERKREIS

Die Tierkreiszeichen werden in 4 Quadranten mit je drei Häusern unterteilt:
1. Quadrant = 1. - 3. Haus; 2. Quadrant = 4. bis 6. Haus; 3. Quadrant = 7. bis 9. Haus; 4. Quadrant = 10. bis 12. Haus.

Das Tierkreiszeichen symbolisiert den Grundstock eines bestimmten Lebenspotenzials, den Grundstein, der erst gelegt sein muss, damit der zugeordnete Planet, der auch Herrscher dieses Tierkreiszeichens genannt wird, einen Hintergrund, eine gesunde, mit Leben gefüllte Startposition hat.

Dieser zugeordnete Planet oder Herrscher stellt die aktiv handelnde Kraft dieses Potenzials dar, die sich dort niederschlägt, wo der Planet im Horoskop steht.

Das Haus ist der Lebensbereich, der dieser Grundanlage zugeordnet ist.


BEISPIELE

Das Potenzial sei: Durchsetzung und Initiative

Tierkreiszeichen = Basis dieses Potenzials = Widder
d.h. Ort der Basis von Durchsetzung und Initiative

Planet = handelnde Instanz dieses Potenzials = Mars
d.h. der Planet, der die Durchsetzungskraft verwirklicht

Haus = Lebensbereich dieses Potenzials = 1. Haus
d.h. der Lebensbereich der Durchsetzung

Die Basis (Tierkreiszeichen) steht jeweils in einem Haus (manchmal auch zwei Häusern) im Horoskop.

Beispiel 1

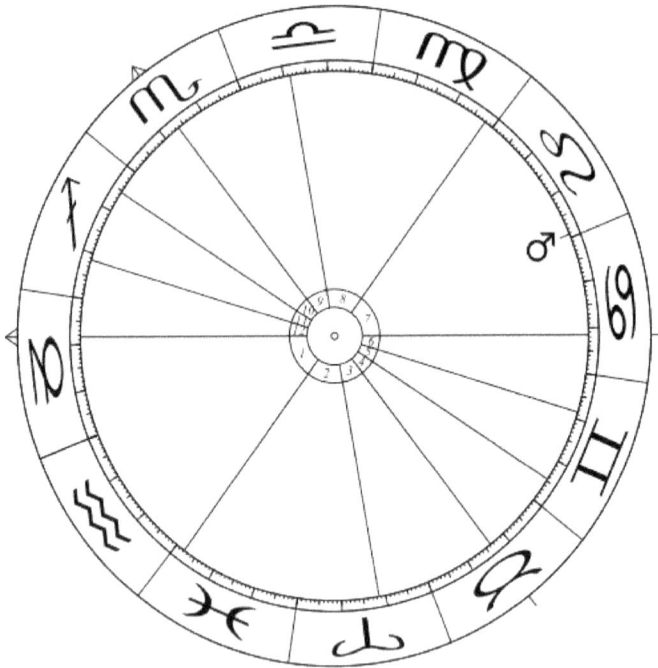

Die Basis, hier das Tierkreiszeichen Widder, steht im 3. Haus. Das bedeutet, dass die Basis der Durchsetzung im Bereich des sprachlichen Ausdrucks, der Kommunikation steht und dort entwickelt werden muss.

Die Stellung des Tierkreiszeichens im Horoskop gibt demnach zwei Anhaltspunkte:

1. Die Eigenschaften des Tierkreiszeichens (hier: Durchsetzung).

2. Das Haus/der Lebensbereich, wo die Basis dieser Grundanlage zu finden und zu entwickeln ist.

Steht bei Beispiel 1 nun der zugehörige Planet und Herrscher Mars z. B. im Zeichen Löwe im 7. Haus, so heißt das, dass die in der Kommunikation (3. Haus) entwickelte Basis der Durchsetzung (TKZ Widder) sich dort, bei der besagten Position des Mars niederschlagen, also dort am meisten zeigen wird:

Löwe = Kreativität und Selbstbewusstsein
7. Haus = Partnerschaft

Die Fähigkeit zur Durchsetzung im Gespräch (Basis) bestimmt demnach die Fähigkeit zur selbstbewussten (Löwe) Durchsetzung (Mars) innerhalb der Partnerschaft (7. Haus).

Allgemein gesagt heißt das, dass erst wenn der Urgrund, die Basis dieses Lebensprinzips entwickelt wurde, d.h. wenn Durchsetzung in und mit der Kommunikation (Tierkreiszeichen Widder im 3. Haus) zur vollen Entfaltung gebracht worden ist, auch die Durchsetzung auf selbstbewusste und kreative Art (= Löwe, das Zeichen, in dem der Herrscher Mars steht) im Bereich der Partnerschaft (7. Haus), optimal verwirklicht werden kann.

Der Planet ist der im Sinne des Grundpotenzials (hier: Durchsetzung) handelnde Faktor, der auf Art und Weise des Zeichens, in dem er steht, und in dem Bereich (Haus), in dem er platziert ist, agiert.

Seine Position (Zeichen und Haus) wird als Aktionsfeld bezeichnet.

Der Mars als aktive Durchsetzungsgestalt kann in Beispiel 1 erst dann in seinem Aktionsfeld (im Löwe im 7. Haus) stark werden, wenn er in seinem Herkunftsfeld (3. Haus) eine Basis aufgebaut, wenn er also seine Fähigkeiten zu verbaler Durchsetzungskraft (Widder im 3. Haus) entfaltet hat als Grundstock, um sie dann im Partnerschaftsbereich (7. Haus) einzubringen.

---

Die Position eines Planeten gliedert sich daher in 3 Entwicklungsschritte:

---

Entwicklung der Basis (= des zu ihm gehörigen Tierkreiszeichens, je nachdem in welchem Haus es steht, d.h. welche Häuserspitze (1., 2., 3...) in diesem Tierkreiszeichen steht).

Entwicklung der Art und Weise der Grundanlage (hier: Durchsetzung) gemäß dem Zeichen (hier: Löwe), in dem der dazugehörige Planet (= der Herrscher der Basis, hier Mars) steht.

Das besonders starke Einbringen dieses Lebensprinzips in dem Bereich, in dem der Planet steht (hier: 7. Haus), also allgemein seine Hausposition.

Die bestmögliche Entfaltung für einen Planeten als Symbol für ein Grundpotenzial ist demnach gewährleistet, wenn er in seinem Herkunftsbereich (Haus des Basis-Tierkreiszeichens) verwirklicht wurde und dann von dieser Basis aus in seinem Aktionsfeld seiner Aufgabe nachkommt.

Beispiel 2

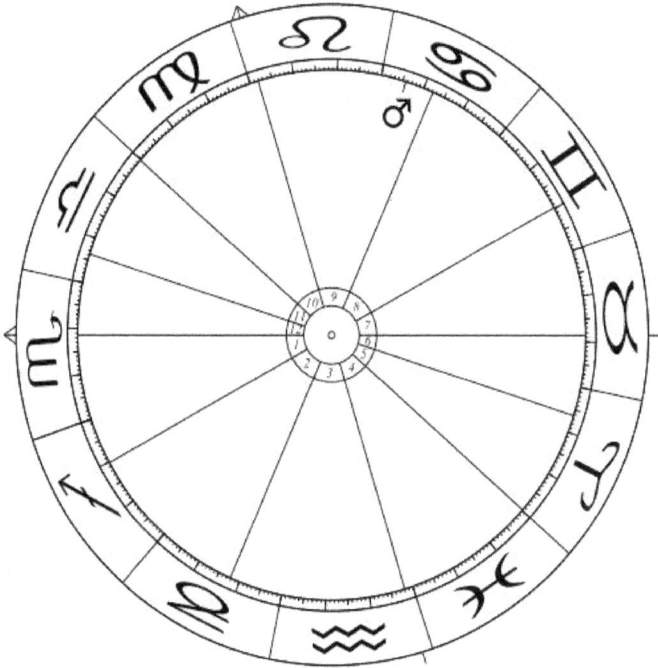

Die Basis, hier das Tierkreiszeichen Widder, steht im 6. Haus. Das bedeutet, dass die Basis der Durchsetzung im Bereich von Analyse, Vernunft und Arbeit zu finden ist und dort als Grundstein entfaltet werden muss.

Der Herrscher Mars des Tierkreiszeichens Widder im 6. Haus (Basis) steht im Krebs im 9. Haus (= Aktionsfeld).

D.h., dass erst die Durchsetzung und Initiative (Widder) in und durch Arbeit und Analyse (6. Haus) ermöglichen, dass eine aktive Selbstbehauptung und der Start neuer Projekte (Mars) im Bereich von Bildung und Bewusstseinserweiterung (9. Haus) von zuhause aus (Krebs), von der inneren Kraft, von dem Gefühl heraus (Krebs) möglich ist.

TKZ Widder im 6. Haus: Tatkraft und Durchsetzung in und durch Arbeit und Analyse (Basisentwicklung).

Initiativen und Kraft zur Selbstbehauptung (Mars) auf emotionaler oder psychologischer Ebene, aus seinem inneren Gefühl, aus dem Bedürfnis, andere zu versorgen und ihnen Geborgenheit zu vermitteln, heraus (Krebs).

Diese Initiativen und das Leben des Kampfgeistes und der Durchsetzung finden auf Krebs-hafte, also emotionale Weise statt, und zwar im Bereich der Weiterbildung, Religion, Bewusstseinserweiterung, im Bezug zum Ausland oder zum Reisen, der Expansion oder der Sinnfindung ( alles 9. Haus) statt.

Das Aktionsfeld beschreibt somit immer das Zeichen (Art) *und* das Haus (Ort des Geschehens), in denen der Planet am besten seine Blüte und seinen Ausdruck erreichen kann.


ÜBUNGEN A

Musterlösungen zu den Übungen finden Sie am Ende des Bandes.

1. Beschreiben Sie die Basis folgender Tierkreiszeichenpositionen
a) von ihrer Grundanlage her
b) von ihrer Häuserstellung her.

Nehmen Sie dafür die Aufzählung der Grundenergien 1-12 unter "Grundeinteilung des Horoskops" S. 29 zu Hilfe.

Beispiel:

Tierkreiszeichen Löwe im 2. Haus

Lösung:
a) Grundanlage Löwe: schöpferische Umsetzung des Grundpotenzials, Ego-Entwicklung, sich ein Denkmal setzen, Kreativität und Selbstbewusstsein.
b) 2. Haus: im Bereich von Abgrenzung, Sicherheit, Finanzen und anderer Besitz, Genussfreude.


Ordnen Sie in gleicher Weise zu:

a. Tierkreiszeichen Krebs im 6. Haus
b. Tierkreiszeichen Steinbock im 9. Haus
c. Tierkreiszeichen Skorpion im 12. Haus
d. Tierkreiszeichen Waage im 11. Haus

2. Beschreiben Sie in gleicher Weise die Position der Basis wie auch die Stellung des ihr zugeordneten Planeten/Herrscher:

a. Tierkreiszeichen Stier im 10. Haus / Venus im Wassermann im 5. Haus
b. Tierkreiszeichen Fische im 7. Haus / Neptun im Schützen im 4. Haus
c. Tierkreiszeichen Skorpion im 6. Haus / Pluto im Krebs im 1. Haus.


Steht in dem Haus der Basis (des Tierkreiszeichens) ein Planet, so gehört auch er bzw. seine Entwicklung zu der Entfaltung der Basis dazu und außerdem wird auch er sich in dem Aktionsfeld des zugeordneten Planeten niederschlagen.

Auf diese Weise kann man durch das gesamte Horoskop gehen und für jeden Planeten seinen Ursprung und seine Nutzbarkeit im Bereich, wohin er wandert, ausmachen.

Im Folgenden ein Beispielhoroskop

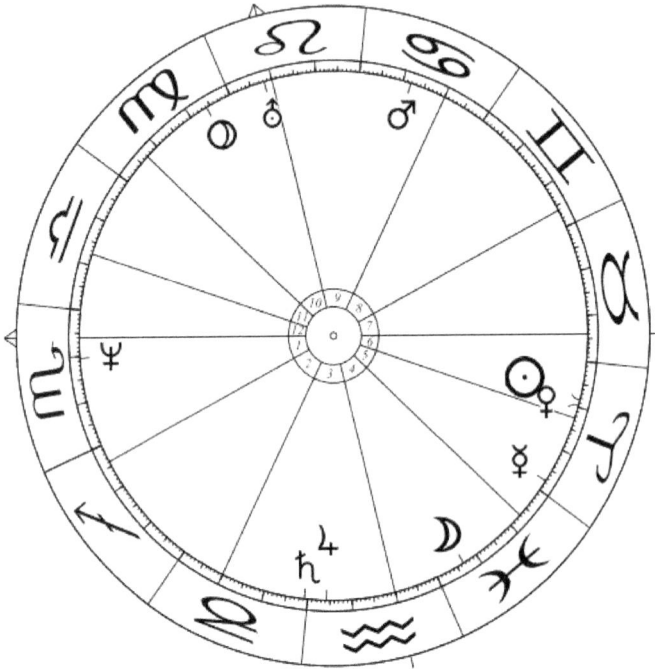

Die Basis mit der Position des Herrschers in seinem Aktionsfeld dazu:

1. Haus = Skorpion mit Neptun im Skorpion
Herrscher = Pluto
Pluto steht in der Jungfrau im 10. Haus

2. Haus = Schütze, ohne Planeten
Herrscher = Jupiter
Jupiter steht im Wassermann im 3. Haus

3. Haus = Steinbock, mit Jupiter und Saturn
Herrscher = Saturn
Saturn steht im Steinbock im 3. Haus

4. Haus = Wassermann mit Mond in den Fischen
Herrscher = Uranus
Uranus steht im Löwen im 10. Haus

5. Haus = Fische mit Merkur im Widder
Herrscher = Neptun
Neptun steht im Skorpion im 1. Haus

6. Haus = Widder mit Sonne im Widder und Venus im Widder
Herrscher = Mars
Mars steht im Krebs im 9. Haus

7. Haus = Stier, ohne Planeten
Herrscher = Venus
Venus steht im Widder im 6. Haus

8. Haus = Zwillinge, ohne Planeten
Herrscher = Merkur
Merkur steht im Widder im 5. Haus

9. Haus = Krebs mit Mars im Krebs
Herrscher = Mond
Mond steht in den Fischen im 4. Haus

10. Haus = Löwe mit Uranus im Löwe und Pluto in der Jungfrau
Herrscher: Sonne
Sonne steht im Widder im 6. Haus

11. Haus = Jungfrau, ohne Planeten
Herrscher = Merkur
Merkur steht im Widder im 5. Haus

12. Haus = Waage, ohne Planeten
Herrscher = Venus
Venus steht im Widder im 6. Haus


Entwicklung im Horoskop

Herrscher von 1 (d.h. des 1. Hauses, hier Skorpion) ist Pluto, erweitert durch die Position von Neptun im 1. Haus. Pluto steht im 10. Haus, d.h. die leidenschaftliche Durchsetzung (Skorpion im 1. Haus), die Durchsetzung mit Hilfe des Heilens, Helfens, des sozialen oder künstlerischen Tuns (Neptun) schlägt sich im Beruf (10. Haus) mit Hilfe von Vernunft und Analyse (Jungfrau) nieder.
   Der Herrscher vom 10. Haus im Löwen (=Sonne) mit Pluto und Uranus als Planeten in 10, steht im 6. Haus, d.h. die berufliche Kreativität (Sonne im 10. Haus) sowie die berufliche Freiheit (Uranus im 10. Haus) und Macht

(Pluto im 10. Haus) sind Voraussetzung für eine starke Entwicklung der Sonne im Bereich der Arbeit, Analyse und Verwertung (6. Haus).

Der Herrscher des 6. Hauses im Widder (=Mars) mit Venus und Sonne im 6. Haus, steht im 9. Haus, d.h. die Durchsetzung durch Arbeit und analytische Fähigkeiten sowie dem Selbstbewusstsein (Sonne) und der Beziehungsfähigkeit (Venus) zeigt ihre Wirkung besonders im Bereich der Bildung, Weiterentwicklung und Expansion.

Der Herrscher des 9. Hauses im Krebs (=Mond) erweitert durch den Mars in 9 steht in den Fischen im 4. Haus, d.h. die Geborgenheit in seiner Lebensphilosophie und seiner Weisheit (9. Haus) verbunden mit der emotionalen (Krebs) Durchsetzung (Mars) im Bildungsbereich (9. Haus) zeigen ihre Wirkung im Feld der Emotionen, Geborgenheit und Familie.

Der Herrscher des 4. Hauses mit Mond als Inhalt, steht im 1. Haus.

Das bedeutet, dass die Geborgenheit und innere Kraft (4. Haus) im Gefühlsbereich (Mond) auf die Durchsetzung im 1. Haus wirken.

Ab hier beginnt die Kette wieder von vorne.

# DIE VIER ACHSEN IM HOROSKOP

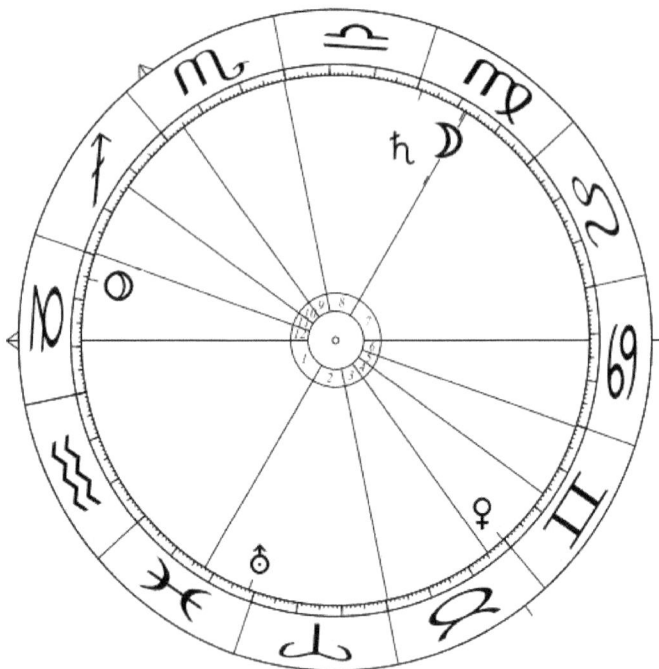

## ASZENDENT (AC)

Das Häusersystem beginnt am Aszendenten. Er stellt den Minuten genauen Zeitpunkt der Geburt dar, den ersten tiefen Eindruck beim Erscheinen, der Ankunft in dieser Welt. Dieser Tierkreisgrad ging von der Erde aus gesehen gerade im Osten auf, als der Horoskopeigner das Licht der Welt erblickte.

Der Aszendent ist demnach der individuellste Punkt im

Horoskop. Das Zeichen, in dem er platziert ist, symbolisiert die elementare Grundanlage, die der Mensch ist, sowie seine körperliche Ebene und Ausstrahlung. Da der Aszendent gleichzeitig die Spitze des 1. Hauses darstellt, ist er außerdem der Lebensbereich der Durchsetzung.

Das bedeutet, dass die reale Urnatur, die Ursprünglichkeit, die den Menschen durchdringt, die ihn ausmacht, - auch der immerwährende, unsterbliche Teil in ihm - vom Aszendenten dargestellt wird.

| Aszendent (AC) = Grundsubstanz des Menschen. |
| --- |

ÜBUNGEN B

1. Nennen Sie mit Hilfe von der Auflistung der 12 Grundenergien auf Seite 29 die Grundsubstanz folgender Kombinationen

a. Aszendent Schütze
b. Aszendent Wassermann
c. Aszendent Zwillinge
d. Aszendent Steinbock
e. Aszendent Skorpion
f. Aszendent Waage

Neben dem Zeichen des Aszendenten zählen zu dieser Grundsubstanz auch die Planeten des 1. Hauses sowie ein eventuell eingeschlossenes Zeichen, wie im Beispiel oben: Der AC steht im Steinbock, das 2. Haus steht in den Fischen, somit steht das gesamte Tierkreiszeichen Wassermann als 2. Basis im 1. Haus. Damit ist Saturn der 1. Herrscher des 1. Hauses/der Grundanlage. Er steht in der

45

Jungfrau im 8. Haus. Uranus ist dann der 2. Herrscher des 1. Hauses/der Grundanlage, von dem eingeschlossenen Zeichen Wassermann im 1. Haus her. Sein Aktionsfeld ist in den Fischen im 2. Haus.

---

Gesamtgrundsubstanz des Menschen: Aszendent / Planeten im 1. Haus / eingeschlossenes Zeichen im 1. Haus

---

Zudem ist das 1. Haus die Basis für die Durchsetzung.

Da die Gesamtgrundsubstanz eine so wesentliche Funktion im Horoskop ausübt, ist vor allem das Aktionsfeld (Zeichen und Haus) des Herrschers des 1. Hauses wichtig, da sich dort in erster Linie seine Grundsubstanz niederschlagen wird.

ÜBUNGEN C

1. Wie sieht die charakteristische Gesamtgrundsubstanz bei folgender Persönlichkeit aus (Benutzen Sie als Hilfe die Aufstellung unter „Die Grundeinteilung des Horoskops" S. 29)?

a. Aszendent Stier, Mars im 1. Haus.
b. Aszendent Steinbock, Wassermann als eingeschlossenes Zeichen im 1. Haus.
c. Aszendent Skorpion, Neptun im 1. Haus.
d. Aszendent Krebs, Merkur im 1. Haus.

2. Was bedeutet die Grundsubstanz und die Position des Herrschers von 1 bei folgenden Konstellationen?

Beispiel: Aszendent Jungfrau / Merkur, als Herrscher der Jungfrau, im 4. Haus:
Grundsubstanz: Analyse, Vernunft, Strategie; Arbeit und Dienen; Verarbeitung, Nutzung und Verwertung, Reinigung und Sauberkeit, Gesundheitsbewusstsein und Lebensrhythmus.
Herrscher von 1 (des 1. Hauses, des Aszendenten) Merkur steht im 4. Haus, d.h. die Grundsubstanz zeigt sich am meisten im Bereich Fühlen und Empfindsamkeit, Fürsorge und innere Geborgenheit; Heimat/Familie/Wohnen; Erholung und Entspannung.

Verfahren Sie genauso mit:

a. Aszendent im Krebs / Mond, als Herrscher des Krebs, im 7. Haus.
b. Aszendent Löwe / Sonne, als Herrscherin des Löwen, im 10. Haus.
c. Aszendent Skorpion / Pluto, als Herrscher des Skorpion im 9. Haus.
d. Aszendent Widder / Mars, als Herrscher des Widder, im 2. Haus.

# IMUM COELI (IC)

Der IC ist der tiefste Punkt im Horoskop, d.h. er zeigt den innersten Bereich an, der der Seelenwelt und außerhalb der Heimat und Herkunftsfamilie zugeordnet wird. Das Zeichen, in dem er steht, gibt Auskunft über die grundlegende Charakteristik der Gefühls- und Geborgenheitswelt des Horoskopeigners.

Es symbolisiert neben dem Mond und den Planeten im 4. Haus die Art des Innenlebens und des Schaffens von emotionaler Sicherheit, d.h. der Eigenschaften und Lebensbereiche, in denen man sich zu Hause fühlt und sein seelisches, gefühlsmäßiges Wesen am besten entwickeln und nähren kann.

IC und Mond zeigen die innere Basis, von der aus der Mensch dem Leben begegnet. Je mehr er diese beiden Kräfte entfaltet, umso mehr findet er innere Ruhe und Geborgenheit auf seine jeweils individuelle und besondere Weise.

Er kann seine ganz persönliche Art von Wurzelwerk entwickeln, das ihm Halt und Stütze von innen heraus bietet. Wenn dieses zur Verfügung steht, kann emotionales Erwachsenwerden geschehen, aus dem heraus er sich und andere seelisch nähren kann, seine Art der Familie aufbaut und seine Gefühle lebt.

> Wurzeln für die Entwicklung von Geborgenheit und Sicherheit in sich selbst, von seiner eigenen Art der Familie und des Wohnens, der Entspannung und Erholung: IC / Planeten im 4. Haus / eingeschlossenes Zeichen im 4. Haus.

In unserem Beispielhoroskop S. 44 steht der IC im Stier. Die Herrscherin des Stier ist Venus. Sie steht bzw. ihr Aktionsfeld ist auch im Stier im 4. Haus.


## ÜBUNGEN D

1. Was bedeuten folgende IC-Konstellationen?
a. IC im Schützen
b. IC in den Fischen
c. IC in der Waage
d. IC im Löwen


2. Was symbolisiert außer dem IC die Gefühls- und Innenwelt im Horoskop?


3. Was bedeutet die Kombination folgender IC-Stellungen mit den jeweiligen Planeten im 4. Haus?
a. IC im Wassermann, Venus im 4. Haus.
b. IC im Skorpion, Mars im 4. Haus.
c. IC im Widder, Saturn im 4. Haus.


4. Wie heißen die Herrscher folgender IC-Positionen?
a. IC im Steinbock
b. IC im Wassermann
c. IC in den Zwillingen
d. IC in der Waage.

# DESZENDENT (DC)

Der Deszendent ist der Punkt, der im Moment der Geburt gerade am Horizont untergeht. Er ist Symbol für die Partnerschaftsaffinität und -gestaltung im Horoskop. Er steht für die Eigenschaften, die uns am wenigsten bewusst und zugänglich sind und daher zuerst auf den Partner projiziert werden.

D.h., es besteht die Tendenz bzw. Notwendigkeit, das Potenzial, das durch den Deszendenten sowie evtl. Planeten oder einem eingeschlossenen Zeichen im 7. Haus dargestellt wird, bei einem Partner zu suchen, es von ihm (vor-)gelebt zu bekommen, was anfangs oft in unangenehmer oder die eigene Entfaltung blockierender Weise geschieht (blockierend, da man geliefert bekommt, was man selbst entwickeln sollte, und das eigene Potenzial daher brach liegt).

Der natürliche Ablauf ist es, sich diese DC/7. Haus-Eigenschaften selbst anzueignen, sie zur Blüte zu bringen und mit ihrer Hilfe eine erwachsene, weil von Eigenständigkeit und Freiheit bestimmte Beziehung mit einem adäquaten Partner auf gleicher Augenhöhe aufzubauen.

---

Partnerschaftsverhalten und - affinität: Deszendent / Planeten im 7. Haus / eingeschlossenes Zeichen im 7. Haus

---

In unserem Beispielhoroskop steht der Deszendent im Krebs. Der Herrscher des 7. Hauses ist damit der Mond. Er steht bzw. sein Aktionsfeld ist in der Jungfrau im 8. Haus. Außerdem steht Löwe als eingeschlossenes Zeichen im 7. Haus.

ÜBUNGEN E

1. Beschreiben Sie Deszendent- und Aszendentposition (= das dem DC gegenüber liegende Zeichen) mit Hilfe der Auflistung unter „Die Grundeinteilung des Horoskops" S. 29.
a. Deszendent Krebs
b. Deszendent Skorpion
c. Deszendent Fische
d. Deszendent Widder

2. Was heißen folgende Kombinationen für das Partnerverhalten?
a. Deszendent Stier, Mars im 7. Haus.
b. Deszendent in der Jungfrau, Pluto im 7. Haus.
c. Deszendent Schütze, Mond im 7. Haus
d. Deszendent Löwe, Uranus im 7. Haus.

# MEDIUM COELI (MC)

Der MC ist der höchste Punkt im Horoskop. Er symbolisiert die Berufung, das gesellschaftliche Auftreten mit der entsprechenden beruflichen Tätigkeit sowie die Art, sich eigene Maßstäbe, Richtlinien und Strukturen zu schaffen.

Die Eigenschaften, für die sein Zeichen steht und die evtl. Planeten oder ein eingeschlossenes Zeichen im 10. Haus zeigen, wie man sich durch gezielte Lebensplanung, Ehrgeiz und Ausdauer ein eigenes Rückgrat aufbaut, seine innere Autorität aktiviert, wie man sein eigenes Gesetz wird, und seine beruflichen Ambitionen.

> Beruf(ung) - Lebensziele - eigenes Rückgrat: MC / Planeten im 10. Haus / eingeschlossenes Zeichen im 10. Haus

In unserem Beispielhoroskop steht der MC im Skorpion. Sein Herrscher Pluto steht bzw. hat sein Aktionsfeld im Steinbock im 12. Haus.

## ÜBUNGEN F

1. Was bedeutet die Position von MC und IC (= das gegenüberliegende Zeichen vom MC)?
a. MC in den Zwillingen
b. MC in der Jungfrau
c. MC im Steinbock
d. MC in den Fischen
e. MC im Löwen

2. Welche berufliche Grundveranlagung hat eine Persönlichkeit mit folgenden Konstellationen?
a. MC im Skorpion, Neptun im 10. Haus.
b. MC Stier, Mond im 10. Haus.
c. MC Waage, Jupiter im 10. Haus.

# 4. DIE ELEMENTE UND ZUSTANDS-FORMEN

## DIE ELEMENTE

Die Einteilung der 12 Grundpotenziale in die vier Elemente der Natur:

1. Feuer

Widder - Löwe - Schütze

Grundeigenschaften:

Aktivität, Bewegung, Lebensfeuer, Initiative, Vitalität, positive Erwartungshaltung gegenüber dem Leben.

2. Erde

Stier - Jungfrau - Steinbock

Grundeigenschaften:

Naturverbundenheit, Bodenständigkeit, Materie, Arbeit, Vernunft, Sortiertheit, Stabilität, Realitätssinn, Grenzen, Leistung, Ausdauer, Kontinuität.

## 3. Luft

Zwillinge - Waage - Wassermann
Grundeigenschaften:

Geist, Sprache, Austausch, Begegnung, Beziehung, ästhetisches Empfinden und Stil, Abstand, Wechselhaftigkeit, Springen.

## 4. Wasser

Krebs - Skorpion - Fische

Grundeigenschaften:

Empfänglichkeit, Gefühl, Innenleben, Familie, Tiefe, Abgründe, Bindungsfähigkeit, Wandlung, Fließen, Sensibilität, Endlosigkeit.

# DIE ZUSTANDSFORMEN

Neben der Einteilung in die Elemente werden die 12 Tierkreiszeichen in drei Zustandsformen unterschieden:

1. Kardinal

Widder - Krebs - Waage - Steinbock

Grundeigenschaften:

Initiierend, bestimmend, führend.

2. Fix

Stier - Löwe - Skorpion - Wassermann

Grundeigenschaften:

Fest, bindend, stur.

3. Labil

Zwillinge - Jungfrau - Schütze - Fische

Grundeigenschaften:

Veränderlich, lavierend, fließend.

# 5. ASPEKTE

Neben der Information, die die Stellung der Planeten im Horoskop (Zeichen und Haus) liefern, bietet die Verknüpfung der Planeten untereinander das zweite wichtige Feld an Wissen, das aus dem Geburtshoroskop geschöpft werden kann.

In den meisten Fällen steht der Planet nämlich nicht alleine, sondern ist über eine bestimmte Winkelbeziehung mit einem anderen Planeten entweder in harmonischer oder Spannung erzeugender Weise verbunden. Dadurch entsteht eine gegenseitige Beeinflussung und Prägung.

Diese Winkelbeziehungen nennt man Aspekte.

Sie bilden eine wichtige Grundlage für die Interpretation, da eine Entfaltung des einen Planeten nur möglich ist, wenn die Anwesenheit und Wirkung der zweiten (in Verbindung stehenden Kraft) durch die "Ausarbeitung eines Kompromisses" zwischen den beiden mit einbezogen wird. Beide Kräfte sind aneinander gekoppelt und können nur im bewusst geschaffenen Ein- bzw. Zusammenklang am besten genutzt und realisiert werden.

So erhält der Planet eine weitere Färbung, nämlich den Einfluss einer anderen Planetenkraft auf die Art, die durch den Aspekt ausgedrückt wird.

# DIE HAUPTASPEKTE

## 1. Konjunktionen ♂

Bei einer Konjunktion stehen zwei (oder mehrere) Planeten in einem Abstand (= Orbis) von bis zu 7 Grad nebeneinander. Je nachdem ob zwei passende oder zwei widerstreitende Planeten zusammenkommen, zählt die Konjunktion zu den harmonischen oder disharmonischen Aspekten.

Beispiele:

Planet 1 steht 17 Grad Stier, Planet 2 steht 13 Grad Stier.
Planet 1 steht 22 Grad Fische, Planet 2 steht 25 Grad Fische.
Planet 1 steht 28 Grad Löwe, Planet 2 steht 1 Grad Jungfrau.


## 2. Sextile ✱

Ein Sextil ist ein Aspekt, bei dem die beiden Planeten 60 +/- 5 Grad voneinander entfernt sind. Er zählt zu den harmonischen Aspekten.


## 3. Trigone △

Desgleichen das Trigon, das zwei Planeten im Winkel von 120 +/- 5 Grad verbindet (normalerweise zwischen Widder, Löwe und Schütze (Feuerzeichen); oder zwischen Stier, Jungfrau und Steinbock (Erdzeichen); oder zwischen Krebs, Skorpion und Fische (Wasserzeichen); oder zwischen Zwillinge, Waage und Wassermann (Luftzeichen)).

Die harmonischen Aspekte (Sextile, Trigone, z.T. Konjunktionen, sowie die schwächer wirkenden Nebenaspekte Halbsextil mit einem Orbis von 30 +/- 2 Grad, Quintil mit einem Orbis von 72 +/- 3 Grad und Biquintil mit einem Orbis von 144 +/- 3 Grad) lassen sich in einfacher Weise miteinander in Einklang bringen und verknüpfen. Es begegnen sich zwei Planetenkräfte, die in miteinander harmonierenden Zeichen (bei Trigonen: die Planeten stehen in demselben Element; bei Sextilen: die Planeten stehen in zusammenpassenden Elementen wie Wasser und Erde oder Feuer und Luft) stehen und daher ohne inneren Kampf aufeinander einwirken können.

Beispiele:

Planet 1 steht 15 Grad Löwe, Planet 2 steht 17 Grad Schütze = Trigon
Planet 1 steht 11 Grad Krebs, Planet 2 steht 8 Grad Skorpion = Trigon
Planet 1 steht 5 Grad Stier, Planet 2 steht 9 Grad Fische = Sextil
Planet 1 steht 26 Grad Widder, Planet 2 steht 23 Grad Zwillinge = Sextil.

Ausnahme: Es besteht ein Winkel von ca. 60 oder ca. 120 Grad, aber die Planeten stehen nicht in harmonierenden Zeichen.

Beispiele:

Planet 1 steht 29 Grad Fische, Planet 2 steht 2 Grad Löwe
= Trigon
Planet 1 steht 1 Grad Krebs, Planet 2 steht 28 Grad Waage
= Trigon
Planet 1 steht 2 Grad Schütze, Planet 2 steht 29 Grad
Steinbock = Sextil
Planet 1 steht 27 Grad Wassermann, Planet 2 steht 1 Grad
Stier = Sextil.

In diesem Fall ist der Aspekt zwar nicht so spannungsgeladen wie bei den gleich folgenden Aspekten, aber auch nicht so einfach und fließend miteinander zu verbinden wie bei den harmonischen Sextilen und Trigonen.

# Konjunktionen, Trigone, Sextile

*Planetenstände, Häuser*

| | | | |
|---|---|---|---|
| ☉ | 19°12'05 | ♎ | H 7 |
| ☿ | 13°28'52 | ♏ | H 7 |
| ♀ | 15°18'51 | ♎ | H 7 |
| ♂ | 22°37'13 | ♎ | H 7 |
| ♄ | 22°28'53 r | ♌ | H 6 |
| ☊ | 11°24'02 r | ♓ | H 12 |
| ♅ | 17°06'28 r | ♒ | H 11 |
| ☽ | 24°27'10 | ♐ | H 9 |
| Ac | 15°03'36 | ♈ | |

## 4. Quadrate ☐

Quadrate sind Aspekte mit einem Winkel von 90 +/- 7 Grad zwischen den betreffenden Planeten (normalerweise zwischen Widder und Krebs, oder Krebs und Waage oder Waage und Steinbock oder Steinbock und Widder; zwischen Stier und Löwe oder Löwe und Skorpion oder Skorpion und Wassermann oder Wassermann und Stier; zwischen Zwillinge und Jungfrau oder Jungfrau und Schütze oder Schütze und Fische oder Fische und Zwillinge).

## 5. Oppositionen ☍

Als Oppositionen werden Winkelbeziehungen von 180 +/- 7 Grad bezeichnet (normalerweise zwischen Widder und Waage, Stier und Skorpion, Zwillinge und Schütze, Krebs und Steinbock, Löwe und Wassermann, Jungfrau und Fische).

Quadrate und Oppositionen werden den Spannungsaspekten zugeordnet. Das bedeutet, dass die eine Planetenkraft von einer völlig anderen Natur ist als die andere, mit der sie den Winkel bildet.

Dies erzeugt Reibung, aber auch Antrieb und fordert den Horoskopeigner heraus, eine gleichberechtigte Umsetzung beider Lebenspotenziale anzustreben. Dabei muss für die beiden beteiligten Planeten eine Kompromisslösung gefunden werden, so dass jeder die Eigenschaften des anderen in sein Handeln mit einbezieht.

Hier besteht oft die Tendenz, der inneren Reibung aus dem Weg gehen zu wollen und sich deshalb auf eine Seite (eine Planetenkraft, ein Lebenspotenzial, mit dem man besser zurecht kommt als mit dem entgegengesetzten) zu schlagen und die andere zu ignorieren und zu verdrängen.

Dies hat zur Folge, dass die zweite Seite von außen ins Leben des Horoskopeigners gebracht werden muss und deshalb unbewusst auf einen Mitmenschen oder eine Außensituation projiziert wird. Der abgespaltene Teil kommt also durch die Hintertüre wieder zum "Eigentümer" zurück, was stets unangenehmer ist als eine bewusste Umsetzung.

Das Horoskop offenbart in einfacher, schneller Weise solche inneren Reibungsflächen, die Kämpfe zwischen zwei in Spannung zueinander stehender Lebenskräfte und ermöglicht so, die ausgeschlossene Seite wieder bewusst in sein Leben aufzunehmen und selbst zu entfalten.

Beispiele für Spannungsaspekte

Planet 1 steht 7 Grad Krebs, Planet 2 steht 10 Grad Waage = Quadrat
Planet 1 steht 19 Grad Löwe, Planet 2 steht 22 Grad Skorpion = Quadrat
Planet 1 steht 12 Grad Zwillinge, Planet 2 steht 8 Grad Schütze = Opposition
Planet 1 steht 27 Grad Jungfrau, Planet 2 steht 2 Grad Widder = Opposition.

# Quadrate und Oppositionen

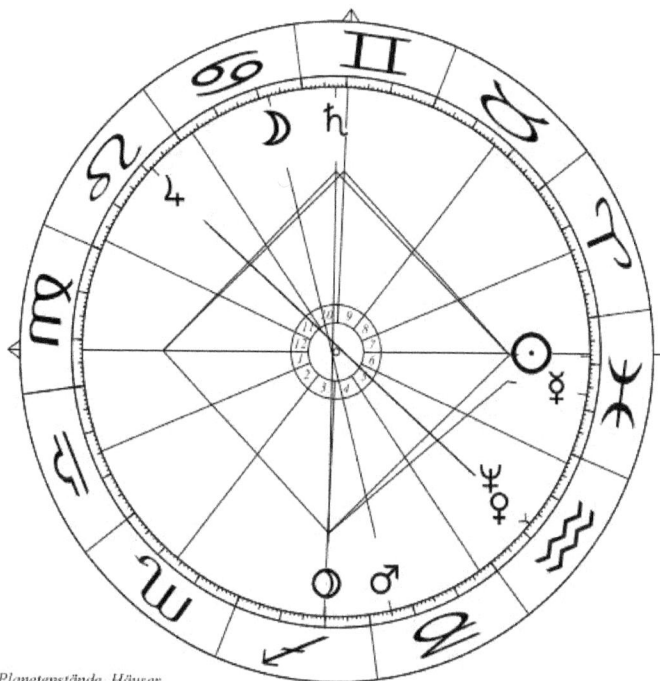

Planetenstände, Häuser

| | | | |
|---|---|---|---|
| ☉ | 21°43'07 | ♓ | H 6 |
| ☽ | 07°54'08 | ♋ | H 10 |
| ☿ | 13°18'40 | ♓ | H 6 |
| ♀ | 12°03'18 | ♒ | H 5 |
| ♂ | 04°58'57 | ♋ | H 4 |
| ♃ | 08°51'08 r | ♌ | H 11 |
| ♄ | 22°27'10 | ♊ | H 10 |
| ♅ | 12°06'55 | ♒ | H 5 |
| ☋ | 19°55'15 | ♐ | H 4 |
| Ac | 22°13'52 | ♍ | |
| Mc | 19°39'52 | ♊ | |

# DIE NEBENASPEKTE

## 1. Halbsextil  ⊻

Halbsextile (30 Grad +/- 2 Grad) sind als schwache Aspekte zu betrachten, die zwar eine leichte Verbindung zwischen zwei Planeten herstellen, allerdings ohne dass deshalb tiefgehende Färbungen der beteiligten Planeten durch den anderen folgen müssen.

## 2. Quintil  und Biquintil  Q, bQ, ◇, ⬦

Quintile (72 +/- 3 Grad) und Biquintile (144 +/- 3 Grad) werden als unterstützende, harmonische Aspekte gedeutet.

## 3. Halbquadrat, Anderthalbquadrat und Quinkunx  ∠, ⌷, ⊼

Halbquadrate (45 +/- 3 Grad), Anderthalbquadrate (135 +/- 4 Grad) und Quinkunxe (150 +/- 4 Grad) zählen ebenfalls zu den Spannungsaspekten. Sie zeigen jedoch im Vergleich zu Quadrat und Opposition eine subtilere Wirkung, die nicht so leicht greifbar ist, nach deren Ursprung tiefer in sich gesucht werden muss.

# Die Nebenaspekte

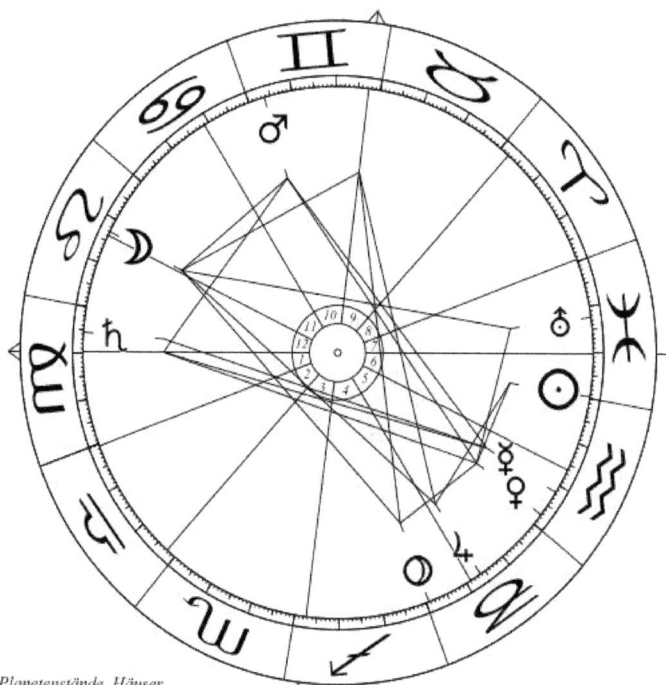

Planetenstände, Häuser

| | | | | ☉ | | | | | | | | | | |
|---|---|---|---|---|---|---|---|---|---|---|---|---|---|---|
| ☉ | 00°26′57 | ♓ | H 6 | ☉ | | | | | | | | | | |
| ☽ | 12°54′18 | ♌ | H 11 | | ☽ | | | | | | | | | |
| ☿ | 08°20′32 | ♒ | H 5 | | | ☿ | | | | | | | | |
| ♀ | 02°31′45 | ♒ | H 5 | ⊻ | | | ♀ | | | | | | | |
| ♂ | 26°19′48 | ♊ | H 10 | ∠ | ⯝ | ⌑ | ⌓ | ♂ | | | | | | |
| ♃ | 13°42′35 | ♋ | H 5 | ∠ | ⯝ | | | | ♃ | | | | | |
| ♄ | 05°32′13 r | ♍ | H 12 | | ⯝ | | | | | ♄ | | | | |
| ⚸ | 17°37′01 | ♓ | H 7 | ⬦ | | ∠ | | | | | ⚸ | | | |
| ☥ | 00°39′58 | ♋ | H 4 | ⚏ | | ⊻ | | | | | | ☽ | | |
| Ac | 09°43′48 | ♍ | | | ⯝ | ⌑ | ⬦ | | | | | | Ac | |
| Mc | 02°40′36 | ♊ | | ⬦ | | | | ⚏ | | ⯝ | | | Mc |

ÜBUNGEN G

1. Ordnen Sie folgende Tierkreiszeichen den Elementen zu.
Stier, Zwillinge, Jungfrau, Wassermann, Fische, Löwe, Waage, Widder, Krebs.

2. Was bedeutet ein harmonischer, was ein Spannungsaspekt?

3. Welche Art von Aspekten verbindet folgende Planetenpaare?
a. 4 Grad Schütze // 2 Grad Jungfrau
b. 7 Grad Skorpion // 6 Grad Steinbock
c. 12 Grad Widder // 7 Grad Waage
d. 19 Grad Stier // 12 Grad Skorpion
e. 23 Grad Zwillinge // 20 Grad Waage
f. 12 Grad Fische // 10 Grad Stier

4. Wie würden Sie folgende Aspekte beschreiben?
a. Wassermann-Venus im Quadrat zum Skorpion-Mond
b. Waage-Sonne im Quadrat zum Krebs-Mond
c. Schütze-Sonne im Trigon zur Löwe-Venus
d. Jungfrau-Sonne im Trigon zum Steinbock-Mond

Beispiel

Steinbock-Sonne im Quadrat zum Widder-Mars

Es besteht eine Spannung zwischen dem Bedürfnis, sich mit Festigkeit, Ausdauer und Durchhaltevermögen zu verwirklichen (Steinbock-Sonne), und dem Drang, sich impulsiv und dynamisch durchzusetzen (Widder-Mars).

# 6. ANALYSEBOGEN GRUNDLAGEN

Der Analysebogen schließt jeden Band mit einer kurzen Zusammenfassung des erlernten Wissens ab. Er gibt einen klaren Überblick und ermöglicht eine übersichtliche Interpretation der jeweiligen Thematik am Horoskop.

## DIE VIER ACHSEN

1. Aszendent (AC)

Der Aszendent, die Planeten des ersten Hauses sowie ggf. ein eingeschlossenes Zeichen im 1. Haus zeigen die Grundsubstanz des Menschen, seine körperliche Erscheinung und eine Basis seiner Durchsetzungsart.
Das korrespondierende Zeichen heißt Widder, der korrespondierende Planet ist der Mars.
Das Aktionsfeld (Zeichen und Haus) des Herrschers des 1. Hauses zeigt an, wie (Zeichen) und in welchem Bereich (Haus) diese Grundsubstanz am stärksten an die Oberfläche gelangt.

2. Imum coeli (IC)

Der IC, die Planeten im 4. Haus sowie ggf. ein eingeschlossenes Zeichen im 4. Haus zeigen die Art der Verwurzelung in sich, der Basis von Gefühl und Geborgenheit, sowie seiner Art der Familie, des Wohnens und der Entspannung.
Das korrespondierende Zeichen heißt Krebs, der korrespondierende Planet ist der Mond.

Das Aktionsfeld des Herrschers des 4. Hauses zeigt an, wie (Zeichen) und wo (Haus) sich diese innere Basis am stärksten manifestiert und widerspiegelt.


## 3. Deszendent (DC)

Der Deszendent und die Planeten im 7. Haus sowie ggf. ein eingeschlossenes Zeichen im 7. Haus zeigen das Partnerschaftsverhalten und die Partnerschaftsaffinität, den individuellen Sinn von Schönheit und Attraktivität.
Das korrespondierende Zeichen ist die Waage, der korrespondierende Planet die Venus.
Das Aktionsfeld des Herrschers des 7. Hauses zeigt, wie und wo sich Beziehungsmuster, -verhalten und -form, sowie sein Sinn von Ästhetik am meisten niederschlagen.


## 4. Medium coeli (MC)

Der MC und die Planeten im 10. Haus sowie ggf. ein eingeschlossenes Zeichen im 10. Haus zeigen den Beruf (die Berufung) und den Weg zum eigenen Rückgrat, zu Stabilität und Struktur auf.
Das korrespondierende Zeichen ist der Steinbock, der korrespondierende Planet Saturn.
Das Aktionsfeld zeigt, wie und wo das Umsetzen seiner Berufung und der Aufbau von Stabilität und eigenen Richtlinien am meisten Einfluss ausüben.

# DAS HERRSCHERSYSTEM

BASIS = Stellung des Tierkreiszeichens (TKZ)

PLANET = die handelnde Instanz der Basis in seinem Aktionsfeld (Zeichen und Haus)

1. Haus und das Haus, in dem das TKZ Widder steht (sowie die Planeten darin - das gilt auch für die folgenden Häuser)
= Basis für Durchsetzung und Initiative.

Planeten der Ausführung: Herrscher des 1. Hauses und Mars als Herrscher des TKZ Widder in ihren Aktionsfeldern und mit ihren Aspekten.

2. Haus und das Haus, in dem das TKZ Stier steht
= Basis für Sicherheit, Finanzen und Abgrenzung.

Planeten der Ausführung: Herrscher des 2. Hauses und Venus als Herrscherin des TKZ Stier in ihren Aktionsfeldern und mit ihren Aspekten.

3. Haus und das Haus, in dem das TKZ Zwillinge steht
= Basis der sprachlichen Fähigkeiten, der Ansammlung und Weitergabe von Wissen und Information.

Planeten der Ausführung: Herrscher des 3. Hauses und Merkur als Herrscher des TKZ Zwillinge in ihren Aktionsfeldern und mit ihren Aspekten.

4. Haus und das Haus, in dem das TKZ Krebs steht
= Basis der Gefühlswelt, der inneren Geborgenheit, Heimat, Familien- und Wohnart.

Planeten der Ausführung: Herrscher des 4. Hauses und der Mond als Herrscher des TKZ Krebs in ihren Aktionsfeldern und mit ihren Aspekten.

5. Haus und das Haus, in dem das TKZ Löwe steht
= Basis der Selbstentfaltung und Kreativität, der Art, sich als einzigartige Persönlichkeit ein Denkmal zu setzen.

Planeten der Ausführung: Herrscher des 5. Hauses und die Sonne als Herrscherin des TKZ Löwe in ihren Aktionsfeldern und mit ihren Aspekten.

6. Haus und das Haus, in dem das TKZ Jungfrau steht
= Basis für die Fähigkeit zur Analyse, des Dienens und Arbeitens, der bestmöglichen Verwertung und Nutzung, der Sauberkeit und Hygiene, des Gesundheitsbewusstseins und des Lebensrhythmus.

Planeten der Ausführung: Herrscher des 6. Hauses und Merkur als Herrscher des TKZ Jungfrau in ihren Aktionsfeldern und mit ihren Aspekten.

7. Haus und das Haus, in dem das TKZ Waage steht
= Basis für seine Form der Partnerschaft und des Schönheitssinns.

Planeten der Ausführung: Herrscher des 7. Hauses und Venus als Herrscherin des TKZ Waage in ihren Aktionsfeldern und mit ihren Aspekten.

8. Haus und das Haus, in dem das TKZ Skorpion steht
= Basis für das tiefe Erforschen seiner selbst und anderer Gebiete, für die Wiederverbindung mit dem Verdrängten, die Integration von Tabus, für tiefgreifende Wandlungsprozesse, für den Aufbau von Macht und Wirkkraft.

Planeten der Ausführung: Herrscher des 8. Hauses und Pluto als Herrscher des TKZ Skorpion in ihren Aktionsfeldern und mit ihren Aspekten.

9. Haus und das Haus, in dem das TKZ Schütze steht
= Basis für Expansion und Erweiterung, für Bildung und Religionsverständnis, für seine Lebensphilosophie und Zuversicht und Erfüllung.

Planeten der Ausführung: Herrscher des 9. Hauses und Jupiter als Herrscher des TKZ Schütze in ihren Aktionsfeldern und mit ihren Aspekten.

10. Haus und das Haus, in dem das TKZ Steinbock steht
= Basis für Stabilität und Struktur, für die berufliche Tätigkeit und das eigene Rückgrat.

Planeten der Ausführung: Herrscher des 10. Hauses und Saturn als Herrscher des TKZ Steinbock in ihren Aktionsfeldern und mit ihren Aspekten.

11. Haus und das Haus, in dem das TKZ Wassermann steht
= Basis für Ausbruch, Freiheit, Gleichberechtigung (in sich), Gemeinschaftlichkeit und Teamgeist.

Planeten der Ausführung: Herrscher des 11. Hauses und Uranus als Herrscher des TKZ Wassermann in ihren Aktionsfeldern und mit ihren Aspekten.

12. Haus und das Haus, in dem das TKZ Fische steht
= Basis für Phantasie, Unvernunft und Intuition, Anderssein, seine Träume und Sehnsüchte.

Planeten der Ausführung: Herrscher des 12. Hauses sowie Neptun als Herrscher des TKZ Fische in ihren Aktionsfeldern und mit ihren Aspekten.

# ASPEKTE

Als Aspekte bezeichnet man die Verbindungen (Winkelbeziehungen) zwischen den Planeten.

Hauptaspekte

Konjunktion ☌

Die Planeten stehen im Abstand (Orbis) von 0 bis ca. 7 Grad nebeneinander.
Je nach Planetenqualität ist der Aspekt harmonisch oder spannungsgeladen.

Sextil ✶

Die Planeten stehen im Winkel von 60 Grad +/- 5 Grad zueinander.
Der Aspekt ist in der Regel harmonisch.

Trigon △

Die Planeten stehen im Winkel von 120 Grad +/- 5 Grad zueinander.
Der Aspekt ist in der Regel harmonisch.

Quadrat □

Die Planeten stehen im Winkel von 90 +/- 7 Grad zueinander.
Der Aspekt ist ein Spannungsaspekt.


Opposition ☍

Die Planeten stehen im Winkel von 180 +/- 7 Grad zueinander.
Der Aspekt ist ein Spannungsaspekt.


Nebenaspekte

Halbsextil ⊻

Die Planeten stehen im Winkel von 30 Grad +/- 2 Grad zueinander.
Der Aspekt ist ein schwacher harmonischer Aspekt.


Quintil und Biquintil Q, bQ ◇ ◎

Die Planeten stehen beim Quintil im Winkel von 72 +/- 3 Grad und beim Biquintil 144 +/- 3 Grad zueinander. Die Aspekte üben eine fördernde Wirkung aus.


Halbquadrat und Anderthalbquadrat ∠, ⊡

Die Planeten stehen beim Halbquadrat im Winkel von 45

+/-3 Grad und beim Anderthalbquadrat 135 +/- 4 Grad zueinander. Beides sind (schwächere) Spannungsaspekte.

Quinkunx ⚻

Die Planeten stehen im Winkel von 150 +/- 4 Grad zueinander.
Der Aspekt ist ein subtil wirkender Spannungsaspekt.

# APPLIKATION UND SEPARATION

Man unterscheidet zudem zwischen Applikationsaspekten und Separationsaspekten, die ich nur kurz vorstellen will, mit denen jedoch in diesem Studium nicht gesondert gearbeitet wird. Ein applikativer Aspekt heißt ein Aspekt, der gleich nach der Geburt exakter wird, wobei es unerheblich ist, ob diese Annäherung der beteiligten Planeten aufgrund von Direkt- oder Rückläufigkeit entsteht. Z. B. Mars steht 10 Grad Krebs, Pluto steht 15 Grad Krebs; Mars ist zum Zeitpunkt der Geburt direktläufig und bewegt sich damit immer mehr auf Pluto zu, da er sich schneller bewegt als dieser. Die Mars/Pluto-Energie wird demnach immer stärker im Laufe des Lebens wirksam werden. Wäre Mars allerdings rückläufig, würde er sich immer mehr von Pluto entfernen und es bestünde ein Separationsaspekt.

Ein Separationsaspekt ist ein Aspekt, bei dem sich die beteiligten Planeten gleich nach der Geburt voneinander entfernen und somit die jeweilige Thematik im Laufe des Lebens immer schwächer werden soll (heißt es, ich kann diese Unterscheidung nicht unbedingt bestätigen, möchte diese Begriffe dennoch nicht unerwähnt lassen). Z. B. Mars steht 8 Grad Krebs, Pluto 8 Grad Skorpion. Da Mars schneller ist als Pluto, wird er sich immer mehr von dem Trigon entfernen (gleich nach der Geburt), so dass hier ein Separationsaspekt vorliegt.

# 7. LÖSUNGEN

1. Basis

a. Tierkreiszeichen Krebs im 6. Haus
Es gilt, seine Gefühle (Krebs) zu analysieren und in seine Arbeit (6. Haus) einfließen zu lassen als Grundstock des Krebspotenzials. Auch die Bereiche Familie und Wohnen (Krebs) werden von der Vernunft und dem Wunsch nach bestmöglicher Verwertung und Nutzung der gegebenen Situation (6. Haus) geprägt. Erst wenn Gefühl und Vernunft verbunden sind, ist die Basis entwickelt.

b. Tierkreiszeichen Steinbock im 9. Haus
Realitätssinn und Praxisorientierung (Steinbock) in seine Lebensphilosophie (9. Haus) einfließen lassen; Festigkeit (Steinbock) durch seine Bildung (9. Haus) erreichen; Ausdauer und Anstrengung (Steinbock) in seine Weiterentwicklung und sein Expansionsstreben (9. Haus) einbringen.

c. Tierkreiszeichen Skorpion im 12. Haus
Mit Leidenschaft und Intensität (Skorpion) sein Anderssein (12. Haus) verwirklichen; Macht (Skorpion) durch sein Anderssein (12. Haus) erwirken; Erforschung (Skorpion) seines Unbewussten (12. Haus); Reintegration (Skorpion) der intuitiven, nicht normorientierten Seiten (12. Haus) in sein Bewusstsein; Phantasie und Intuition (12. Haus) entwickeln, um in sein Inneres hinab zu tauchen (Skorpion).

d. Tierkreiszeichen Waage im 11. Haus
Unkonventionelle, freiheitliche (11. Haus) Beziehungs-
form (Waage) finden; Ausbruch (11. Haus) aus üblichem
Partnerschaftsverhalten (Waage); Freiheitsdrang (11.
Haus) in Beziehungen (Waage) umsetzen; Ungewöhnli-
ches, Aufregendes, Spannendes und Futuristisches (11.
Haus) schön und attraktiv (Waage) finden.


2. Basis und zugeordnete Planeten

a. Tierkreiszeichen Stier im 10. Haus
Venus im Wassermann im 5. Haus (= Herrscher von Stier)
Sicherheit, Abgrenzungsvermögen und Schaffung seiner
materiellen Basis (Stier) im Berufsbereich (10. Haus) ist
die Basis für die Erfüllung des Bedürfnisses nach Sicherheit und Abgrenzung (Stier-Venus) und seiner Partnerform (Waage-Venus) durch freiheitlichen (Wassermann)
Selbstausdruck (5. Haus).

b. Tierkreiszeichen Fische im 7. Haus
Neptun als der Herrscher der Fische im Schützen im 4.
Haus
Alternative, phantasievolle und einfühlsame (Fische)
Partnerschaft (7. Haus) als Basis für die Fähigkeit, alter-
native (Neptun) Lebensphilosophien und Arten der Be-
wusstseinserweiterung (Schütze) begründet auf seinem
Gefühl und seinem Innenleben (4.Haus) zu schaffen.

c. Tierkreiszeichen Skorpion im 6. Haus
Herrscher Pluto im Krebs im 1. Haus
Tiefe Selbsterforschung (Skorpion) durch Analyse und
eine entsprechende Arbeit (6. Haus) als Voraussetzung,
um sich emotional, aus seinem Gefühl heraus (Krebs)
durchsetzen zu können (1. Haus).

## ÜBUNGEN B

### 1. Aszendent-Position

a. AC Schütze
Grundsubstanz: Expansion, Erweiterung, Bildung, eigene Weisheit, Religionsverständnis, Lebensphilosophie, Zuversicht, Zufriedenheit, Erfüllung.

b. AC Wassermann
Grundsubstanz: Spontaner Ausbruch aus zu engen Strukturen, Freiheitsdrang und Distanz, Gleichberechtigung in sich, Teamgeist und Gemeinschaftssinn.

c. AC Zwillinge
Grundsubstanz: Sprachlicher Selbstausdruck, verbale Kontaktaufnahme und Austausch; Sammeln, Lernen und Vermitteln von Information und Wissen, geistige Beweglichkeit und Neutralität.

d. AC Steinbock
Grundsubstanz: Festigkeit, Ordnung, Kontinuität, Realitätssinn und Praxisorientierung, Beruf und Definition seiner Lebensziele, eigenes Rückgrat aufbauen.

e. AC Skorpion
Grundsubstanz: Forschergeist, Intensität, Leidenschaft, Totalität, Reintegration des Verdrängten, Wandlungsprozesse, Macht und Wirkkraft.

f. AC Waage
Grundsubstanz: Aufbau seiner Art von Partnerschaft; Harmonie und Ausgleich schaffen, Attraktivität und Schönheit für sich definieren; Sinn für Stil, Kunst und Ästhetik.

ÜBUNGEN C

1.Grundsubstanz

a. AC Stier, Mars im 1. Haus
Abgrenzung, Sicherheit, Finanzen und anderer Besitz, Genussfreude gepaart mit Durchsetzungskraft, Kampfgeist und Initiative.

b. AC Steinbock, Wassermann als eingeschlossenes Zeichen im 1. Haus
Festigkeit, Ordnung, Kontinuität, Realitätssinn, Praxisorientierung, Beruf, eigene Lebensziele und eigenes Rückgrat kombiniert mit der Fähigkeit, aus zu fest gewordenen Strukturen auszubrechen und sich von zu viel Festigkeit auch wieder zu befreien.
Spannung zwischen Bewahren und Ausbruch/Spontaneität/Freiheitsdrang.

c. AC Skorpion, Neptun im ersten Haus
Forschergeist, Intensität, Leidenschaft, Totalität, Reintegration des Verdrängten, Wandlungsprozesse, Macht und Wirkkraft in Verbindung mit Intuition und Phantasie, Sensibilität und Einfühlungsvermögen. Fähigkeit zur Auflösung zu fester Vorstellungen und Bindungen und zur Verwirklichung seines Andersseins.

d. AC Krebs mit Merkur im 1. Haus
Fühlen und Empfinden, Fürsorge und innere Geborgenheit, Heimat/Familie/Wohnen, Erholung und Entspannung kombiniert mit sprachlichem Selbstausdruck, verbaler Kontaktaufnahme und Austausch; Sammeln, Lernen und Vermitteln von Information und Wissen, geistige Beweglichkeit und Neutralität.

2. Position des Herrschers von 1 (des 1. Hauses)

a. AC Krebs, Herrscher Mond im 7. Haus
Grundanlage des Fühlens und Empfindens (Krebs) wird besonders in der Partnerschaft (7. Haus) zum Ausdruck gebracht.

b. AC Löwe, Herrscher Sonne im 10. Haus
Grundanlage der Schöpferkraft, Kreativität, Selbstbewusstsein und Ego-Entwicklung (Löwe) findet vor allem im Beruf (10. Haus) seinen Niederschlag.

c. AC Skorpion, Herrscher Pluto im 9. Haus
Grundanlage der Reintegration des Verdrängten, der Leidenschaft und Tiefe, der tiefen Wandlungsprozesse, der Macht und Wirkkraft (Skorpion) zeigt sich in erster Linie in der Lebensphilosophie und dem Bedürfnis nach Expansion und Weiterentwicklung (9. Haus).

d. AC Widder, Herrscher Mars im 2. Haus
Grundanlage Durchsetzung und Initiative (Widder) drückt sich besonders im Bereich des Sicherheitsstrebens und der Abgrenzung (2. Haus) aus.


ÜBUNGEN D

1. IC-Position

a. IC im Schützen
Geborgenheit in sich durch eine eigene Lebensphilosophie, eigene Weisheit und Erkenntnisse, durch Bewusstseinserweiterung und Bildung.

b. IC in den Fischen
Sicherheit in sich finden durch die Verwirklichung seines Andersseins, durch Entwicklung von Phantasie, Intuition, Einfühlungsvermögen und Sensibilität.

c. IC in der Waage
Verwurzelung in sich durch das Finden und Umsetzen seiner eigenen Partnerschaftsform, die entsprechende Beziehung und die eigene Definition von Schönheit und Attraktivität.

d. IC im Löwen
Innere Sicherheit durch Ego-Entwicklung, Kreativität, Individualität und Selbstbewusstsein, durch schöpferische Umsetzung seines Grundpotenzials.


2. Weitere Symbole für die Gefühls- und Innenwelt außer dem IC

Die Position des Monds, seine Aspekte und die Planeten im 4. Haus


3. IC-Position und Planeten im 4. Haus

a IC im Wassermann, Venus im 4. Haus
Innere Basis durch Selbstbefreiung von alten Mustern und Lebensstrukturen, durch Gemeinschaftssinn und Teamgeist, durch Freiheitsgeist und Distanz (Wassermann) kombiniert mit der Fähigkeit zu einer individuellen Partnerschaft und Herstellung von Ausgleich und Harmonie (Waage-Venus) wie auch Abgrenzung und Sicherheit (Stier-Venus).

b. IC im Skorpion, Mars im 4. Haus
Innere Geborgenheit durch Forschungsgeist, Leidenschaft und Intensität, Reintegration des Verdrängten, Wandlungsprozesse, Macht und Wirkkraft (Skorpion) verbunden mit Durchsetzung, Kampfgeist und Initiative (Mars).

c. IC im Widder, Saturn im 4. Haus
Innere Sicherheit durch Durchsetzung und Initiative, Ausleben seiner Triebkraft, Start von Pilotprojekten verbunden mit der Fähigkeit zu Stabilität, Struktur und Kontinuität, Aufbau eines emotionalen Rückgrats.
4. Herrscher der IC-Position

a. von IC Steinbock  -- Saturn
b. von IC Wassermann -- Uranus
c. von IC Zwillinge -- Merkur
d. von IC Waage -- Venus


ÜBUNGEN E

1. Deszendent-Position

a. DC Krebs heißt, dass die Partnerschaft als Grundlage Gefühl, Empfindsamkeit, Fürsorge und Schaffen von Geborgenheit benötigt.
DC Krebs bedeutet AC Steinbock (gegenüberliegendes Zeichen), d.h. Grundanlage ist Festigkeit und Ordnung, Realitätssinn und Praxisorientierung, Beruf und eigene Lebensziele finden, ein eigenes Rückgrat aufbauen.

b. DC Skorpion heißt, dass die Partnerschaft als Basis Intensität, Leidenschaft, Tiefe und Möglichkeit zur Integration des Verdrängten braucht.

DC Skorpion bedeutet AC Stier, d.h. die Grundsubstanz ist Abgrenzung, Sicherheit und Finanzen, Genussfreude.

c. DC Fische heißt, dass die Basis jeder Partnerschaft die Lösung von der konventionellen Struktur, eine andere Beziehungsform, das Einbringen von Phantasie, Intuition, Sensibilität und Einfühlungsvermögen sein muss.
DC Fische bedeutet AC Jungfrau, d.h. die Grundsubstanz heißt Analyse und Vernunft, Arbeit und Dienen, Nutzung, Strategie und Reinheit.

d. DC Widder heißt, dass die Basis der Partnerschaft Kampf, Streit, hohe sexuelle Triebkraft, Aggression und Durchsetzungsvermögen sein muss.
DC Widder bedeutet AC Waage. Das bedeutet, die Grundsubstanz heißt, seine Partnerform und seine Art von Stil, Geschmack und Attraktivität zu finden.


2. DC-Position und Planeten im 7. Haus

a. DC Stier, Mars im 7. Haus
Basis Partnerschaft: Abgrenzungsvermögen, Sicherheit, Genussfreude kombiniert mit Durchsetzung und Initiative.

b. DC Jungfrau, Pluto im 7. Haus
Basis Partnerschaft: Analyse und Vernunft kombiniert mit Tiefe, Leidenschaft und Intensität.

c. DC Schütze, Mond im 7. Haus
Basis Partnerschaft: Bewusstseinserweiterung, Weiterentwicklung, Erfüllung verbunden mit Gefühl und Empfindsamkeit.

d. DC Löwe, Uranus im 7. Haus
Basis Partnerschaft: Kreativität und Selbstbewusstsein, gesundes Ego verbunden mit Freiheitsdrang, Gleichberechtigung und Distanz.


## ÜBUNGEN F

### 1. MC-Position

#### a. MC Zwillinge
Berufliche Basis: sprachlicher Selbstausdruck, verbale Kontaktaufnahme und Austausch; Sammeln, Lernen und Vermitteln von Informationen und Wissen; geistige Beweglichkeit und Neutralität.
MC Zwillinge bedeutet IC Schütze (gegenüberliegendes Zeichen), d.h. innere Basis = Bildung, Bewusstseinserweiterung, eigene Weisheit und Lebensphilosophie.


#### b. MC Jungfrau
Berufliche Basis: Analyse, Vernunft, Strategie, Arbeit und Dienen, Fähigkeit, zu nutzen und zu verwerten;
MC Jungfrau bedeutet IC Fische, d.h. innere Basis beruht auf Phantasie, Intuition, Sensibilität, Einfühlungsvermögen und Fähigkeit, sein Anderssein zu verwirklichen.


#### c. MC Steinbock
Berufliche Basis: Festigkeit und Ordnung, Realitätssinn und Praxisorientierung, eigenes Rückgrat, sein eigenes Gesetz sein.
MC Steinbock bedeutet IC Krebs, d.h. innere Basis beruht auf Gefühl und Empfindsamkeit, auf Fürsorge und eigener Art der Familie und des Wohnens.

d. MC Fische
Berufliche Basis: Phantasie, Intuition, Einfühlungsvermögen, Anderssein.
MC Fische bedeutet IC Jungfrau: innere Basis beruht auf der Fähigkeit zur Analyse, auf Vernunft und Nutzung, auf Arbeit und Dienen, Gesundheitsbewusstsein und Finden seines Lebensrhythmus.

e. MC Löwe
Berufliche Basis: Kreativität, Selbstbewusstsein, sich ein Denkmal setzen, Ego-Entwicklung.
MC Löwe bedeutet IC Wassermann, d.h. innere Basis beruht auf Freiheit, Ausbruch aus zu festen Strukturen, Gleichberechtigung und Gemeinschaftssinn.

2. Berufliche Grundlagen
a. MC Skorpion, Neptun im 10. Haus
Leidenschaftlichkeit, Forscherdrang, Totalität, Macht und Wirkkraft verbunden mit Intuition und Phantasie, Anderssein, Sensibilität und Einfühlungsvermögen.

b. MC Stier, Mond im 10. Haus
Abgrenzung, Sicherheitsstreben, Finanzen und anderer Besitz, Genussfreude verbunden mit Gefühl und Empfindsamkeit, Fürsorge und Fähigkeit, Geborgenheit zu schaffen.

c. MC Waage mit Jupiter im 10. Haus
Partnerschaft, Ausgleich und Harmonie schaffen, Attraktivität und Schönheit für sich definieren, Sinn für Kunst und Stil verbunden mit Expansionsstreben, Weiterentwicklungsbedürfnis, Bildung und Weisheit, Zuversicht und Zufriedenheit.

# ÜBUNGEN G

## 1. Zuordnung der Tierkreiszeichen zu den Elementen

Stier - Erde, Zwillinge - Luft, Jungfrau - Erde, Wassermann - Luft, Fische - Wasser, Löwe - Feuer, Waage - Luft, Widder - Feuer, Krebs - Wasser.

## 2. Unterscheidung von harmonischem und Spannungsaspekt

Bei einem harmonischen Aspekt (Sextile und Trigone) ist die Verbindung zwischen den beiden Planeten ohne innere Reibungen und Kämpfe machbar. Die Planeten unterstützen sich in ihrer Wirkung.
Spannungsaspekte symbolisieren eine innere Diskrepanz, eine Konfrontation. Es stellt eine Anstrengung und Herausforderung dar, die Planetenkräfte in sich miteinander zu verbinden.

## 3. Art des Aspekts

Quadrat, Sextil, Opposition, Opposition, Trigon, Sextil.

## 4. Beschreibung der Aspekte

a. Wassermann-Venus Quadrat Skorpion-Mond
Der Drang nach Freiheit und Distanz (Wassermann) in Beziehungen (Waage-Venus) und bzgl. Finanzen (Stier-Venus) steht in Spannung zu dem Drang nach intensiver, leidenschaftlicher Emotionalität.

b. Waage-Sonne im Quadrat zum Krebs-Mond
Der Wunsch nach viel Geselligkeit, nach Partnerschaft und Zweisamkeit steht in Spannung zum Bedürfnis nach einem trauten Heim, Rückzug in den eigenen vier Wänden, nach Familie.

c. Schütze-Sonne Trigon zur Löwe-Venus
Gute Vereinbarkeit zwischen Selbstverwirklichung durch Weiterentwicklung und Bildung mit dem Wunsch nach einer kreativen Partnerschaft voller Selbstbewusstsein und einem gesunden Ego.

d. Jungfrau-Sonne im Trigon zum Steinbock-Mond
Gute Vereinbarkeit von Selbstverwirklichung durch Vernunft und Arbeit mit dem Wunsch nach emotionaler Festigkeit und einer stabilen inneren Basis.

# 8. ASTRO-SOFTWARE & -ZEITSCHRIFTEN

## Astrologische Software-Hersteller

Bekannte und bewährte Astrologie-software finden Sie z. B. bei www.astrocontact.at, www.sarastro.at, www.galiastro.de

## Astrologie-Fachzeitschriften

Die zwei wichtigen Astrologie-Fachzeitschriften im deutschsprachigen Raum sind:

"Astrologie heute", Chilenholzstrasse 8, CH-8907 Wettswil, www.astrologieheute.com

"Meridian", Jehle & Garms OHG, Hochfirstweg 12, 79853 Lenzkirch-Saig, www.meridian-magazin.de

# ÜBER DIE AUTORIN

Beate Helm ist Heilpraktikerin und hat über 30 Jahre Erfahrung mit psychologischer Astrologie, feinstofflichen Heilweisen, Körper- und Energiearbeit und Meditation. Sie hat in ihrer Arbeit schon früh Methoden der systemischen Kurzzeittherapie und Horoskopaufstellungen eingesetzt. Ihr fundiertes Wissen hat sie in der vorliegenden Astrologie-Ausbildung strukturiert, spannend und gut verständlich zusammengefasst - für neugierige Laien und für erfahrene Astrologiebegeisterte, die ihre Methoden der astrologischen Arbeit erweitern möchten.

Weitere Publikationen im Satya-Verlag: Astrotherapie * Das Weib im Horoskop – Lilith und die Asteroiden * Astrologie und Meditation * Horoskope deuten * Das Mädchen Namenlos - Ein spirituelles Märchen * Bach-Blüten und Bewusstseinsarbeit * Kalifornische Blüten und Bewusstseinsarbeit * Bach-Blüten und kalifornische Blüten von A-Z – Kompendium * Was Sie schon immer über Astrologie wissen wollten.

Weitere Infos: www.satya-verlag.de